チャンス大城の霊怖《れいこわ》人怖《ひとこわ》

チャンス大城

ヨシモトブックス

チャンス大城の霊怖《れいこわ》人怖《ひとこわ》

まえがき

どうも〜、ピン芸人のチャンス大城50歳です。

２０２５年で芸歴35年、地下芸人時代がむちゃくちゃ長かったんですけど、今年初めてR-１グランプリの決勝にいけました！

そんなぼくのこれは2冊目の本になります。

ぼく、不良に狙われて山に埋められたとか、そういう怖い話ばかりエピソードトークで喋ってるイメージがあるのですけど、実はけっこう心霊体験してまして。子どものときから、だいたいすごい心が弱ってるときに黒い影をしょっちゅう見るようになって。劇場で見たり、山で見たり、コンビニで見たり。いろんなとこで見てきました。意外とそのへんにいるもんなんです。

で、あんまり弱ってないときは見ないんですよ。見ようとしても見れないっていう。波長が合わないと見れないんです。だから、そこまで喋らないようにしてたんです。心霊芸人としては自分を売りたくないと思って。だってずっと見れるわけじゃないから、ネタを集めるわけにもいかないんでねえ。

ぼくの場合、幽霊見える見えないは、やっぱり仕事の量と比例すると思うんですよ。下積み生活30年以上なんで、周波数低くなるときなんかいっぱいありましたからねえ。今は酒止めてますけど、酒飲んで「こいつ……クッソー！」みたいになって悪いもんに乗っ取られたりね。

あと人もいろんな人が寄ってくるとこがあるんですよね。なんでかわからないですけど。ヤクザから不良から、変態の人から寄ってくるんで、危ない目にも珍しい目にもいっぱい遭うてて。

この本は、幽霊の話から、ほんまに死を感じる恐怖体験、今話すと笑えるくらいの話まで、盛りだくさんです。霊の話も人怖の話も実体験いっぱいあるんで、怖い話オールスターみたいな本が出せたらいいなあと思いました。YouTubeとか自伝本とかで喋った話もありますけど、ほとんど出してない話もあります。怖い話の幕の内弁当です！　お好きなとこから読んでくださいね～。

目次

まえがき 2

チャンス大城の霊怖《れいこわ》

生まれて初めて会った幽霊 10
霊と一緒にTV出演 12
ぼくの中になにかいる 15
千原せいじさんが夜中に台所で 21
風が吹くとき 23
神様に吸い殻拾いを約束して仕事が増えた話 27
ゴリッゴリの凶悪犯の霊に30年間憑かれてた 31
ご当地悪魔ピーター 35
写真に龍が降臨 42
病院の入口で女の子が「おにいちゃ〜ん」 44

アンミカさんのオーラは紫 47
深夜の図書館にいた女の子 49
夜中に聞こえる「カーンカーン」という音の正体 52
黒い影 55
黒い影2 58
車イスの千代さん 61
おばあちゃんの霊に棒でどつかれた 65
居酒屋ゆうれい 66
ロシアの透視少女ナターシャ 69
演出家とぼくの目の前で子どもの手が 74
山奥のタクシー 78
ぼくの部屋に霊穴があった 80
生き霊を出してしまうぼく 84

馬怖 91
どん底時代に死神を見た話 95
採掘場で赤ちゃんの声が 110

チャンス大城の人《ひと》怖《こわ》

足の匂いフェチのおっさん 114
酒怖 118
スクリーンに映っていたもの 120
和田に裏切られた話 123
宗教潜入秘話 126
エゴサしたら 130
ロボ怖 132
シンナー中毒のTくん 136

インたけが噛まないとき 139

尾崎豊伝説・松田優作伝説 143

500円のぞき 147

ヤクザに恋されピストル危機一髪 150

壁が崩れるとき 156

永野さんとぼく 159

SMイベントで「すべらない話」を頼まれて 162

ぼくにとってこの世で一番怖いこと 168

心霊鑑定

チャンス大城はなぜこんなにも霊が憑きやすいのか？ 170

あとがき 200

チャンス大城の霊怖《れいこわ》

生まれて初めて会った幽霊

はっきりと憶えてるのは小学生の低学年のころのことです。

夕方、家の前の道路で友達みんなと遊んでたんですよ。ほったら2階から「早く帰っておいでよー」って。見たら、おかん、おとんと知らないおじさんが窓から顔出して呼んでて。誰だろうと思って。帰って、「あら？　おじさんは？」ったら、おとんもおかんもおじさんなんかいなかったよって。

で、しばらく後に、ぼく熱出して2階で、2段ベッドの2段目で寝てたんです。日曜日で、父親が会社の人いっぱい連れてきて下で飲み会してたんですよ。ほいで、ああ、下で飲み会やってるわーと思って寝てたら、1人のおじさんが上がってきて、「おう」つって。「熱下がったかー」「ううん、めちゃしんどい」って喋ったんです。初対面やったんですけど、あぁどっかで見たことあるなあーと思ったんですよ。

ほなら、道路で遊んでるときに、はよ帰ってこいよーって、おかん、おとんと並んで窓から見てた知らないおじさんと顔がそっくりやったんですよ。あ、あんときおったおじさんかなあと思って。

ほれで、10日ちょっとしてから、父親が慰安旅行行ってきて、写真の整理してたんです。その整理してるの見してもらってたら、今回の旅行やなくてもっと前の写真に、こないだ2階来たおじさんが写ってて。「この人、10日ぐらい前、日曜日みんな飲みにきてたやん、そんとき2階上がって来てえらい俺のこと心配しよったわー」つったら、「10日前？ この人2年前ぐらいにガンで亡くなってんねん」って言われて。びっくりしました。窓から一緒に覗いてたときも、もう死んでたんです。

父親の親友やったらしいですよ。

それはっきり憶えてます。はっきり見えたから幽霊と思わなかったんですよ。顔も憶えてたし。後で霊ってわかったときは怖かったですね～。それが初めて霊にお会いしたときですね。

霊と一緒にTV出演

三浦マイルドと埼玉の老人ホームに営業行ったんですよ。

ほんだら、ぼくが漫談中に、客席にいたおばあさんが「憑いてるよ～」「憑いてるよ～」ってゆうんすよ。邪魔しに来たから腹立って「ちょっと待ってください、あの、なんすか？」つったら、背中に白い着物着た髪の長い女性の霊が、めちゃくちゃしがみついてるって言うんですよ。で、「私除霊できないんですよ」つって。え、除霊できひんのやったら言わんといてくれないかなあ思うて。ほいで、そのおばあさん、「憑いてる、憑いてるから～」つってやめないから職員さんに連れていかれたんですよ。「ちょっと、あ、大城さんすいません。今連れていかれたんで」「いや、ほんまに憑いてるから～」言いながら、どっか連れていかれて。

で、後で、三浦マイルドと共通の知り合いの霊媒師の人がいるんで電話したんすよ。んだら、「『細かすぎて伝わらないモノマネ』優勝、おめでとうねー」「ありがとうございますー」「ただな、あれ観てたら、直視できひんかった」と。「え、なんすかー」「あんたの背中に髪の長い女性の霊がしがみついてた」って。「あ、さっきおばあさんにそれ言われたんすよ」って言ったら「へー」つって。

細かすぎて～ってネタ終わると床が開いてズドーン落ちるんですけど、「あんたの背中にしがみついてる女性な、あんたが落ちて1秒後に一緒に落ちていったで」って言われたんですよ。びっくりしましたね～。ぼくが先に落ちたから「あ、ついていかな」つって、一緒に落ちるんやーって。

霊怖

ぼくの中になにかいる

２０１７年にこいでまほちゃんと『細かすぎて伝わらないモノマネ』に出て優勝したんですよ。で、その後の飲み会でぼく、酔っ払って調子乗ってもうて、人の悪口言ってたんです。「あれは俺のおかげで優勝できた、おまえおもんない」とか言ったら、こいでまほちゃんと喧嘩なって。「全員おもんない、俺がいちばんおもろいんやー！」とか言ってたら「そんなことゆうたらあかんよー。みなさんのおかげで優勝できたんだから」って。ほんでも調子乗ったこと言いまくってたんです。その時他の人はみんな帰って、こいでまほちゃんと俺だけ残ってて。

そしたらまほちゃんが突然ぱっとぼくの方見て「あなた誰？」って言い出したんです。ぼくの顔が、ぶわーって急にちっちゃくなって、この世に恨みつらみしかないような奴の顔になったらしいんです。

「なにゆうとんねん」ってゆうても、まほちゃん、「あなた誰ですか」「あなただあれ？」「あ、な、た、は、だ、あ、れ」ってドンドン机叩きながら言うんですよ。隣の客とかが「何言ってんの？」みたいな顔で見てきたの覚えてる。

で、まほちゃんが怖くなって俺を置いて帰ってもうて。顔がちっちゃくなって知らん奴が出てきてびっくりしたって。「大城さん取り憑かれてるから絶対除霊したほうがいい」って言われました。

そこからちょっとして、ライブがあったんですけど、ぼくが控室にいたら、芸人の中山功太くんが廊下通りかかってて、チィースって挨拶して通り過ぎようとして、えっ!?って顔して戻ってきたんすよ。「はーびっくりした」「どうした？」「今、大城さん、グレープフルーツぐらいの小さい顔してはったですよ。めちゃくちゃ怖い顔してましたよー」。ぼくとは違う顔やったって。「いや、実は3日前に、こいでまほちゃんに言われたんだよ、顔ちっちゃくなってたって。大城さん取り憑かれてるって」って話して。

そんでその後『人志松本のすべらない話』に出てドカーンうけまして、また調子乗って酔っ払ってもうて、記憶にないんですけど、打ち上げでしくじったんですよね。けっこう松本さんに絡んでたらしくて。次の日ぱっと起きたら、もうベッドで。で、『すべらない～』のプロデューサーの人に電話したら、問題なかったよって言うから安心してたんですよ。

その後に千原兄弟さんのトークライブ呼ばれて。いつもそのライブ、ゲストは隠してるんですよ。千原兄弟さんが舞台に出ていった後、こっそり入らなくちゃいけないんです。ぼく、すべらない話以来千原兄弟さんと会ってなくて、その舞台が最初だったんです。ほんで、出ていったら、もう、千原兄弟さん2人とも、めちゃくちゃ怒ってて。「おまえ、すべらない話の打ち上げでやらかしたらしいな」つって。ほんまに怒ってましたね。もう、ほんま、すべて終わったと思いました。2人ともカンカンに怒ってて、もう絶縁やなあと思って。

で、ライブ会場の草月ホールから一人で帰るんですけど、『細かすぎて伝わらないモノマネ』優勝して、『すべらない話』出て、スター街道じゃないですか。それが一気に落ちて。落ち方がえげつなかったですね、富士急ハイランドでも見たことないぐらい。

ほんで歩きながら帰ってるんですけど、地面に謝ってたんですよ。「俺みたいなやつに踏まれて、かわいそうやなー」って。途中でおしっこして、「ああ、俺から出ていけるおしっこ。俺のなかにいて気持ち悪かったよなあ。俺みたいな最低の人間から、おしっこ、やっと出ていけたなあー」と。もう爪とか細胞にも謝りたい気持ち。俺の爪、俺の目玉、俺の鼻、俺のせいで、みなさんほんますいませんって。俺みたいなものについてくれて。

あ、人間ってこうやって自殺するんだろうなって思いましたね。もう自分が嫌で。自分で自分を停止させたいというか。

それで、歩きながらこいでまほちゃんに電話したんですよ。「大城さんどうしました?」「うん、俺、あのー、もうお笑いやめて田舎帰ることにした。もういやんなった」「こないだ『細かすぎて』一緒に優勝して、『すべらない話』まで出て、なんでやめるんすか? やっとスタートラインに立てたじゃないですか、これからじゃないですか」「いや、俺、いろいろ打ち上げでやらかして、千原ジュニアさんの顔に泥塗ってん」「そんなん謝ったらいいじゃないですか、やり直し、大丈夫ですって」って喋ってたら、まほちゃんが「あの、大城さん、そのうめき声、大丈夫ですか? なんか『うううううーーーー』って聞こえますけど」って。自分でも首の後ろから、「うううう――」って聞こえるんですよ。「いや、俺出してない」「じゃあ誰なんすか」「いや、俺しかおらんねん、まわりに」。これほんとの話なんですよ。

「ちょっと待って、首の後ろから聞こえるのよ。俺1人にせんといて。ごめん、電話切らんといてくれー!」むっちゃくちゃ怖くって、すっごい小学生みたいな声出して。そのまま、どれぐらい電話切らんかったやろなあー。恐怖でしかなかったですねー。

これはもうお祓いしよう思ったんです。

で、ちょっと霊感がある知り合いに電話したら、その方が、むちゃくちゃぼくに悪い霊がいっぱいついてるのが見えるっていうんです。で、自分は除霊できないけど、とんでもないパワーのある霊媒師の方が知り合いでいるゆうて、至急紹介してもらったんです。

普通あんま会えないんですけど、会えることになったんですよ。「大城さん、銀座に13時にここに来てくれ」って言われて行きまして。65歳ぐらいの、すごいお上品な女性の方。近寄ってきて、「あんたの顔見えへん。取り憑かれすぎて真っ黒やでー」って。

　ほんで「やろかー」つって、白い塩を左手の上に乗せて、右手をぼくの肩に当てて、念仏かなんか唱えだして。ほいたら、塩から煙が出て、塩が焦げてきて、さらさらの塩がカッチカチになってもうたんですよ。ほんでその人が持ってた数珠の水晶玉がパリーン割れて、「ごめん、大城くん、半分とるけど、もう無理」つって。こびりついてるから、半分はとったと。半分とっただけでも、むちゃくちゃ疲れてはって。「半分無理やから、今から言うこと全部ノートに取りなさい」つって。まずお酒は絶対飲むなと。ほんで部屋はきれいにする。とにかく玄関、水回りを特にきれいにする。1日1回窓を開けて空気を入れ替える。布団とかも常に清潔にしとけって。

　あと、サランラップに塩をちょっと入れて、四つ折りにして、毎日枕の下に入れろって言われたんですけど、それはちょっとめんどくさくてやらなかったです。

　酒をやめるのと、清潔にするのと、明るくいときなさい、ポジティブにいときなさいって言われましたね。

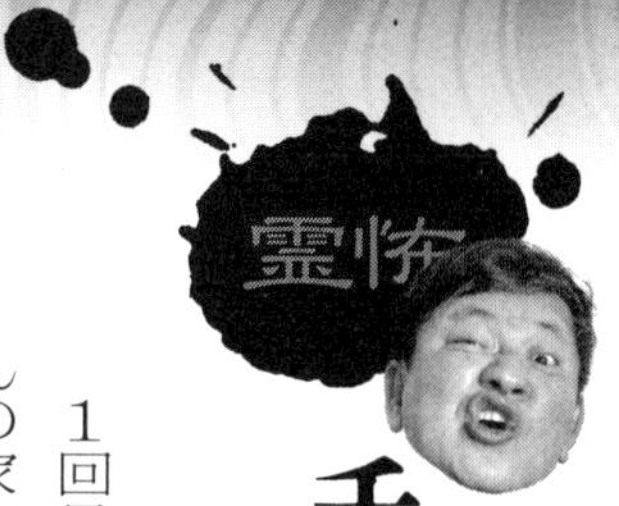

千原せいじさんが夜中に台所で

1回目のNSCのとき、だから15歳くらいのときですね、たまに千原せいじさんの家に泊りに行ってたんですよ。

ほんで夜中、せいじさんが台所で誰かに話しかけてるんですよ。「早よ帰れ!」「どっか行けー!」つって。ほなら、せいじさんって幽霊が見えるらしくて。でもぼく、せいじさんが幽霊見えるの知らんかって。ぼくはそのときなんも見えへんし、何してるのかなあーと思って。「おまえ、早くどっか行けー。俺はなんもしてあげられへんから」とか言ってて、ぼく、中学生心に「あ、NSC在学中で、もう一人芝居のお仕事をしてるんだ。練習してるんだ。すごいなあ」と思ったんです。

20年後ぐらいに、だんだん、せいじさんが霊が見える話を聞くようになって、

「昔せいじさん、夜中に台所で『どっか行け』とか言ってたの、なんやったんすか」って聞いたら、「ああ、あれは血まみれの女の子の霊が俺に寄ってくるから」。

せいじさん、マジらしいすよ。嘘つく人ちゃうんで。

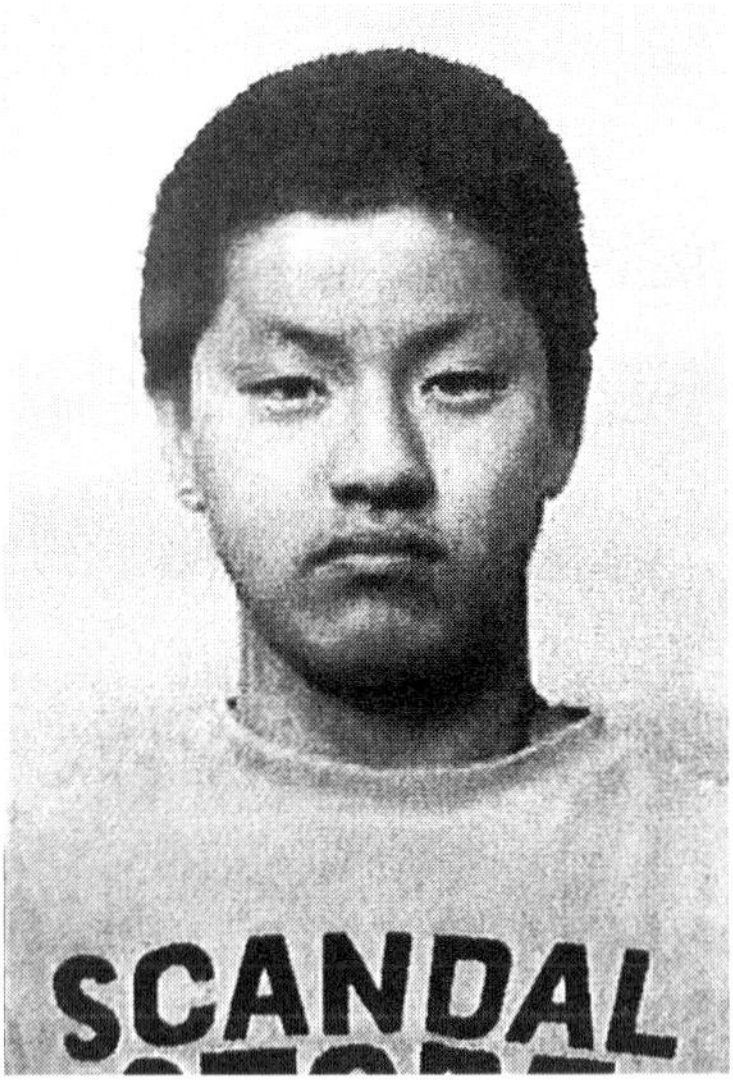

1回目のNSC入学時。チャンス大城15歳。

霊怖

風が吹くとき

霊がいるときはだいたい風が吹くんですよ。

こないだも葬式があって。三鷹の麻雀屋の店長がぼくの大ファンで、２０１９年ぐらいからもうずーっとライブ来まくるんですよね。ほんで３か月前ぐらいかな、最近ライブ来んようになったなーと思ったら、携帯に突然、奥さんから「主人が亡くなりまして」「えええー！」って。

で、お葬式行ったんです。最後、みんなで霊柩車に店長さんのご遺体が入った棺桶を入れるんですけど、霊柩車には店長いないんすよ。見てるぼくの真横に、ブッワーッって、あったかい風が吹いて、「ありがとうな」っていう感じがわかった。それは言葉にはできないんすよ。でも「あ、ありがとうってゆうてる」って。

ぼく、これはあるあるなんですけど、向こうは言葉にはできへんけど言葉がわかる。相手が何を言ってるかわかる。みんなで霊柩車に向かって手合わせてるんですけど、「いや、こっちおるでー、今」みたいな。嬉しかったんでしょうね。

高校の同級生のWさんのお葬式でもありましたね。お葬式行ったら、Wさんのお父さんが火葬場行くときに、「おおーっ、大城くんは親友やー。大城くん、隣に座っててくれへん?」つったから隣に座ったんすよ。で、妹がもうゴリッゴリの、キャバクラでナンバーワンの超ギャルで、それが遺影持って。

あれ、何月やったかなあ、秋ぐらいやったかなあ。ほんだらね、冷暖房つけてないのに、ブッワーッて風が吹くんすよ。妹さんもわかって、「私もこんな体験初めてですけど、たぶんお兄ちゃんが歓迎してくれてるんじゃないですか。大城さん来てくれて喜んでると思います」って。

友達の弟が事故で亡くなったときも、葬式は行けんかったんですけど、後で家に行って仏壇にお参りしてたら、ブッワーッてすごい風が仏壇から吹きましたね～。ありがとうなあって言ってたんでしょうね。

たぶん、死んでも意識があると思うんです。で、だいたい風とか吹かして知らせてくるんすよ。

風はいい霊。友達とかはみんな風ですよ。

ぼく、ご飯食べるときに、亡くなった友達の名前ゆうていくんですよ。お坊さんに「名前ゆうたら一緒に食べれるよ」って言われたことがあって。ほんまか嘘か知らないですけど、「そっかあー、一緒にごはん食べれるんや」思て。

Wさんとか、19歳でバイクで死んだNくんとか、26歳で死んだ芸人のOくん、28歳で死んだ芸人のYとか、他にもいっぱいいるんですけど。

ご飯食べるとき、亡くなった友達の名前ぶっわー羅列していって「全魂、亡くなった魂の方々、一緒にごはん食べましょう」って。焼肉とか行ったときにね、これ全員で食べたいなーって。

名前呼んでいくんですけど、どこまでゆうたらいいかが分かんないんですよ。そのね、X JAPANのメンバーも入れたほうがいいのか。知り合いだけを入れた方がいいのか。

でもだんだん年とるにつれ、増えていくんですよねー。最初は4、5人だったんですけど、どんどん増えていって。めっちゃ増えました。やっぱ「全生命体」にしたほうがいいのか。「全生命体、全亡くなった魂のみなさん」って言うときもあります。それは悪い奴いい奴関係なしで、もう全部。魂なんで。
たまに風がフワーッてなったりしますね。来てくれてるんじゃないですかね。
一緒に食べよーつって。

霊怖

神様に吸い殻拾いを約束して仕事が増えた話

２０１７年『細かすぎて伝わらない～』で優勝したあと、２０１８年に『すべらない話』出て、打ち上げでお酒でしくじって。もう絶対にお酒止めて改心しようとしてて。でもそっから仕事なかったんですよ。

『細かすぎて～』優勝したあと売れるって思ってたんですけど、こんなに仕事がないんやと。こんな厳しい世界なんだなあってショックを受けてたんですよ。ちょこちょこはあったんですけど、別に次呼ばれない。で、２０１９年入ってもえげつないぐらい仕事なくて。スケジュール帳、ほぼバイトで。やばいなー甘くないねんなーと思って。

ずーっと仕事なかった２０１９年の夏に、夜中2時ぐらいかな、コンビニ行こーって外出たら、「空から誰かに見られてる！」と思ったんです。見た瞬間わかったっちゅうか。なんていうんですかね、「あ、そういうことだったのか。俺達は見られてたんだ、神に」って。なんでわかったかって説明できないですよ。ただ、全身に感じるとしか。なんも見えてないんですよ。たとえば、でっかい女神さまみたいな人がホワーッていたとかだったらわかりやすいでしょうけど。なんっも見えてないんですけど、ブワーーあったかいものを感じて。

「あ、見られてたんだ」って思ったんですよ。全部を悟ったというか。あ、結局、どんだけ金持ちになっても、どんだけスーパースターになっても、十億円持ってようが、あの世には持っていけない、結局魂しか持っていけない。要は魂を磨くっていうことなんだろうなって。

で、「すいません、あのー、明日から吸い殻拾いするんで、ちょっと見ててもらえますか。ほんで仕事ください」つったんですよ。ほったら「無償の気持ちでやれー」みたいなこと言われたんです。日本語で言われてないですよ。ふわーっと。「ま、がんばれよ」みたいな。

言われてはないんですよ。でも言われてる。なんて説明したらいいか分からへん。なんか、しみこむっていうんですかねえ。とりあえず「わかりましたー」

つって、次の日ホームセンター行って、トングとちりとりを買ったんです。で、吸い殻拾い毎日やったんですよ。ゴミ全般はやめとこーと思ったんです。とにかく吸い殻にこだわったんですよ。

ぼく、煙草やめてね、吸い殻を路上に捨てる奴、めっちゃ腹立つんですよね。尊敬してる先輩が、あるときパッて吸い殻を道路に捨てたんですよ。「あ、この人、このあと仕事一気に減るやろうなー」と思ったら、びっくりするぐらいなくなってましたね。

で、毎日してたら、千原せいじさんが『さんまのお笑い向上委員会』に呼ばれて、せいじさんのことに詳しい仲良しの芸人としてぼく呼んでもらったんですよ。むちゃくちゃウケました。ギャグからトークから。

そのときに「そういうことやったんか」と。あれ、吸い殻拾ってなかったら絶対呼ばれてなかったと確信してます。あれはちょっと、神様に試されたんです。よく気付いたな、俺の存在に、と。

で、それを、大谷翔平のパクリって言われたんです、ぼく。同じことやってるなんて、大谷さすがやな〜。

大谷はほんで、9回裏ツーアウト満塁スリーツー、あと1球ってとこで抑えたときに、「ゴミ拾いしててよかった」って思うらしいです。「ぼくは捨てた奴の運を拾ってる」って。あいつらは運を捨ててるんだと。ゴミを捨てるってことは運を投げ出すってこと。ぼくはそいつらの運をもらってる、吸収してるんだって言ってました。貯めていってるんだって。

ぼくはただ、色々しくじってきたんで、さんざん人に迷惑かけてきたんで、「すいません、少しでもお役に立つようにしますんで仕事ください」でやるニュアンスですね。人の捨てた運とかは考えたことはなかったです。

今もやってますよ。最近は、ある後輩芸人が病気になったときに、神様に「ぼく、今日200本拾うから治してあげてください。それは決して自分の利益のためではございません」つって拾ったりとか。でもぜんぜん治らなかったっすねー、ハハハハハ。

霊怖

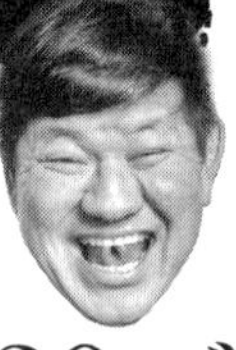

ゴリッゴリの凶悪犯の霊に30年間憑かれてた

3年前ぐらいですかね、知り合いの女性に霊感強い人がいて、その人がスピリチュアルの会があるから一緒に行こうって言うんで連れてってもろうたんですよ。ほなら、6人ぐらい来てて、そのうちの1人の女性がすごい霊能力者で、ぼくのこと見て「ゴリゴリのが憑いてるわ。30年憑いてる」って。もうゴリッゴリの悪い奴、凶悪犯って言ってました。めっちゃ目怖いらしい。この世のものじゃないような顔してると。「どんな顔してるんですか」って聞いたら、もう、顔真似できへんぐらいいかついって。ちょっとぼく震えてもうて。そいつの周りに50人ぐらい霊がいるらしいんですけど、それはまあ雑魚。ガヤというか。

それでその人に「真ん中の人、とります?」って言われて、とってもらったんです。別になんか唱えるとかじゃなく寝てるぼくの肩に手を当てて「いまとってるよー」ってってましたね。

終わったら、もうそうとう疲れてました、その人。

それで、ゆうたらその真ん中の人30年ぶりにぼくから出ていったらしくて。ほんと体がすうーって軽くなったんですよ。で、大城さんの酒癖の悪さは、この霊もそうとう加担してるって。それ千原せいじさんに言うたら、霊のせいにすんなってキレられましたけどね。

なんかね、それまでねえ、ぼく、振り返ったら、まあ今もそうなんですけど、ずーっと落ち込みやすかった。びっくりするくらい落ち込むんですね。理由もなく、突然「はぁーーーー……」って。それがとってから急になくなったんです。

やっぱ霊って落ち込みやすい奴に憑くんですって。ぼく、霊にとって居心地がいいんですって、すぐ落ち込むから。

あと、霊は背中がかわいそうな人につくらしいです。ぼく、哀しい背中してますよねえ。

でもとってもらったら、めっちゃ軽くなったんすよ。今考えたら、そのへんからちょっと仕事増え出した説もあるんです。ぼくの顔が柔らかくなったらしいで

ボトルは凶悪犯の霊を祓ってくれた霊能者からもらった「フィンドホーンフラワーエッセンス」の「サイキック・プロテクション」という液体。舌に1、2滴たらして飲むと霊から護られる。よく効くので心霊系の番組のときはいい映像が撮れなくなるため持っていかない方がよいそう。めちゃめちゃマズイので「このマズさを味わうくらいなら霊が寄ってきてもいいんちゃうか」と思うことも。
黒い石は霊感のある接骨院の先生に「これ持ってると霊が寄ってこないよ」ともらったモリオンという石。強力な邪気払い、魔除け効果がある。

すよ、とった瞬間。

雑魚がまだ50人くらいいるけど、あとはもう力のない霊やから気にしなくていいですって言ってましたね。もう解散してると思いますよ。

ご当地悪魔ピーター

定時制高校のときに、ノバラさんっていう５つ上の同級生がいまして。学校２１時までで「終わったら俺んちでご飯食べようや」って言われて、もう１人の同級生と行ったんです。

ノバラさんのお母さんが霊媒師で「家に８００体ぐらい霊がおる」っつって。２階に行ったら道具がいっぱいあるんですよ。なんか見たことないような、除霊とかに使うやつ。お母さん、霊を一回連れて帰ってきて除霊するんですって。で、もう家中ポルターガイスト現象なんですよ。コップが動いたり、テーブルがバーーン！　鳴ったり、軽くドーンって音がしたり。

ぼく、トイレ行ったら、おばあさんに話しかけられたんですよ。トイレの上の方から声がしたんです。「お元気～？」みたいなこと言われて、もう震え上がっ

て。あと階段に少年が体育座りしてるって言ってましたね、ノバラさんが。

ほんで、ノバラさんとトイメンで喋ってたら、真冬なのにちょっと窓開けてるんですよ。寒い風が入ってくるんです。「ちょっと閉めませんか?」って言おうとしたら、オレンジ色のもんがシューッて通るんですよ。部屋の中通って窓から出てくんです。「あれ? なんかオレンジ色のもん通りましたよね?」つったら、「あ、おまえにも見えるんか」ゆうて。「妖精の通り道やー」って。ほんで真冬でも開けてるらしいです。ガンガンに暖房してる部屋で。

妖精って、ウフフ、ウフフ、ウフフ♡って可愛らしいイメージあるけど、違うんですよ。悪魔で、人間の悪い気を吸うんですって。それが、シュッシュッって通るんです。一瞬止まったときに目合うて、めっちゃ怖い顔してました。でも一瞬で消えたんですよ。

ノバラさん、「うち、悪魔のピーターちゅうんがおるんや」つって。

ほんで、1週間後、またノバラさんちにご飯行ったんですよ。ノバラさん、「俺ちょっと彼女迎えに行ってくるわー」ゆうて出て行ったんです。

1人で待ってたら、「チッ、チッ、チッ」って聞こえるんですよ。「チッチッ」。怖いなー思て。

冷蔵庫の上に気配を感じたんです。パッと見たら、全身緑色で西洋の鎧着て、ツノ生えてて、ガーゴイルっていうんですかね、西洋風の顔で30cmくらいのやつがいたんです。あぐらかいて。今でも覚えてます。「アァーアァーーーー」「グワァーーーーーー」って唸り声出して、もうえげつないほど恐ろしい顔してましたね。

「おまえ、誰やねん」つったら「ピーーーーターーーーやぁーーーー」。あれ？

なんで関西弁なの？　ご当地悪魔っていうか、その土地の言葉に慣れるんでしょうね。

ほいたらノバラさん帰ってきて、「あの、ピーターに会いました」「あぁそうなんやー。大丈夫か」「あ、大丈夫です」つって。

で、また10日ぐらいして、同級生とノバラさんち遊びに行ったんですよ。その友達とぼくとノバラさんとノバラさんの彼女で話してたら、ぼくの肩あたりから湯気みたいなの出てるんですよ。なんかもやもやっと。よくストーブとかの近くでモワァーンと空気揺れてるみたいな。

「俺ちょっと気分悪いです」つったら「ずーっとおまえの左肩からもやもや出てる」「なにこれ」って言ってたら、「バチィーン！」って音が鳴ったんですよ。

「何いまの」ってみんなでゆうてたら、ノバラさんが鉄の錫杖を2階から持ってきて「ちょっと除霊したるわー」つって。「すぐ楽にしてやるからな」って言って念仏みたいの唱えたんです。ぼくはハアハアハアハアなってて。ほいたらノバラさん、念仏の途中で「あれ？　おい、ピーターやないかい。ピーター、早くおまえ冷蔵庫の上戻って」って。

「そんな犬みたいな感じなの？」って思ったんですけど、シュッて抜けた感覚あったんですよね。

ピーターにのっかられてたんですね、ぼく。

霊怖

写真に龍が降臨

大森駅前でなんかお祭りがあって、友達と行って、なんとなく写真撮ったんですよ。そしたら緑色の光がグワーぼくに巻き付くように写ってて。ウロコとかもすごかったっすね、あれ。

後で霊媒師さんに見せたら、「いやすごいねー、すっごい龍だねー。この後むちゃくちゃええことあるから」って言われたんですよ。この写真持ってるだけでいいって言われました。

そのあと、ほんまに『細かすぎて伝わらないモノマネ』で優勝したんすよね。

緑色の光の帯がチャンス大城に被っている。ウロコのようなものも見える。

霊怖

病院の入口で女の子が「おにいちゃ〜ん」

友達が椎名町のアパートに住んでたんですよ。ぼくもその頃下落合の風呂なしアパートに住んでて。歩いて行ける距離なんです。

その友達が1月の真冬に「俺んち遊びに来いやー」つって、行ったんです。ぼくのアパートから坂道上がっていくんですけど、途中、教会と病院があるんですよ。そこを通り過ぎて。

それで缶ビール飲んで、結構ベロベロになって。ま、酒癖悪かったんでね。「おまえもう帰れ!!」って言われて。深夜2時くらいですかね。でもその日はそこまで酔っ払ってないというか、自覚はあったんですよ。もう外寒くてね、一気に酔いが覚めたし。

寒いなあー、フゥ〜ブルブルって坂下りてたら、帰り道の途中の病院の入口に、麦わら帽子で半袖の白のワンピースの、８歳ぐらいの女の子がおるんですよ。それで「おにいちゃ～ん」って言うんですよ。「おお、どうしたー？」って近づいていったら、「こっちこっち」って病院入っていって、階段下りていくんですよ。「ちょっと待って～」って追いかけて。地下へ降りていって、左に曲がったんですよ。ほんでドア開けて入って、ガチャッて閉めたんです。ぼくも入ろうとしたら、ドア開かないんですよ。

ドアをドンドンやってたら看護師さんとガードマンが来て、「不法侵入で訴えますよ」って言われて。「警察に電話しますよ」「いや、今女の子が入っていったんです、ここ」つって。「え、どんな女の子ですか？」「麦わら帽子かぶって、これぐらいで、顎にほくろがあって」。ほな看護師さんが「顎にほくろありました？　あ、そうですか、あぁ……」すごい心当たりある感じやったんです。

パッてドア見たら、「霊安室」って書いてあるんです。たぶんあの女の子、亡くなって霊安室におって、看護師さんもそれ知ってたんじゃないですかねぇ。

ぼく、「すいません、あの、帰ります」つって。

そっからね、病院出て、缶ビール買って、震えながら飲んだの。なんか余韻があって、むちゃくちゃ怖くて。俺見てしまったんやろうか思うて。強烈やったなあー。はっきり見えてましたね。

何が目的やったんかわからない。ちょっと寂しかったんかなあ。かわいそうやなあ。

その後、そこ通るときは手合わせてましたね～。

アンミカさんのオーラは紫

アンミカさんとファーストサマーウイカちゃんと何人かでごはん食べに行ったんですよ。ぼくの前にアンミカさんが座ってて。アンミカさんやっぱりマシンガンのように喋ってたんですよ。

で、ぼく、(アンミカさんってよう喋るなー)思うて。(普段からこんな服着てんのかなー、すげえ衣装や思うたら、これ普段着なんやー)て、一瞬ちょっと話聞いてなかったんです。(すっごいテンポで喋るなー、天才や、このリズムすげえなー)とか思ってたら、紫色の光がぶわーって出てきたんです。あ、ＬＥＤライトで光る服なんや、最近は進化してんねんなー思ったんすけど。

でも徐々に大きくなるから、あれ？　服ちゃう、なにこれ、と思って。

「うわー！」つったら、アンミカさんが、「え、ちょっと待って、大城さん、さっきからどこ見てるんですか？」「いや、アンミカさん、紫に光っていって、もう今、顔のほうまでぶわーってなってるんですけど」つったら、「なにをゆうてんねん」。でもファーストサマーウイカちゃんが、「チャンスさんもですか！私もアンミカさんめっちゃ紫に見えてますー」って。

すごかったあれは。もうずーっと10分ぐらい光ってた。

ずーっと見てたらなんとなく見えてくるんですよ、誰のでも。でもアンミカさんは特に意識せんと出てきたからすげーなーって。

深夜の図書館にいた女の子

自伝にも書いたんですけど、中学のときに不良グループにいじめられてて、「図書室の本を半分盗んでこい」って言われたことがあって。斎藤って奴と夜中に学校に忍び込んだんです。前の日から1階の教室の窓と図書室の窓の鍵開けといて、入れるようにしといて。台車みたいなの持っていって、何往復かして運んでたんです。

ほいたら真っ暗な図書室の奥のほうから、女の子の声で「なにしてんの?」って言われたんですよ。ぼくは幽霊やと思って腰砕けるくらいビビったんですけど、「私、幽霊ちゃうよ」つって、ぼくの一学年上やって言うんですよ。見えてないんですけど全然普通に喋るんですよ。

ほんで「あ、あなたも図書室の本、盗めって言われたんやー。一緒にやりますか?」つったら、「大丈夫!」って言うんですよ。一緒にやりましょうって言っても「大丈夫よー」つって。で、もうぼくら時間ないんで、ぶわーダッシュして。その子のことかまってられへん、みたいな。

まわり見回したら、図書室の本半分なんて無理やなー、気持ちだけ伝わったらええかなー、もうこれぐらいでええかーゆうて。女の子の声せえへんから、どっか行ったのかなー思うて。

で、本は地下道に持っていって、寝てるホームレスさんの横に置いて、まあ楽しんでもらおー思って帰ったんです。

ほんで次、理科室の人体模型を盗んでこいって言われて。また斎藤と夜中待ち合わせして行ったんですけど、ショーケースみたいなのに入ってて盗れないんですね。ガチャガチャやったんですけど。ほんなら警備員さんが来て、捕まってしまったんですね。親に引き渡されて、親「すいませんでしたー」ゆうて泣いてて。

そのとき警備員さんに、「あのーぼく図書室で女の子に声かけられて。その人も捕まったんですか?」つったら、女の子の声は昔からよくするって。「え?」って言ったら、もうしょっちゅうする、警備員さんも話しかけられたって。やっぱり幽霊だったんです。見えてないですけどね。

そういうのは弱ってるときにありますね、昔から。子どもとか、幽霊見るじゃないですか。ぼくの生き別れた息子も、3歳ぐらいやったかな、天井の角にずーっと話しかけてるんですよ。何かおるらしいですよ。弱い者に見えるものってあるらしいです。周波数が合うんですよ。

夜中に聞こえる「カーンカーン」という音の正体

こいでまほちゃんの知り合いが新橋に住んでて、新橋のよくいく店にむちゃくちゃ霊感強い夫婦がいて、店に結界張ってたりしてたんです。で、ぼくが行ったら、なんかぼく気分悪なってハァハァってやってたら、そこのママが「悪い霊に取り憑かれてるなあ、ちょっと今出してあげるから」つって、ほいたら楽になったんですよ。

で、「あなたの家こうやね」って全部言うんですよ。めっちゃ怖くて。ぼくのこと調べ上げたのかなっていうぐらい。「あら、玄関にちっちゃい丸あるよねー」つって、あ、この人外しよったー、玄関にちっちゃい丸なんかないわー思うて。ほんだら、その後トイレでおしっこしてるときに、あ、玄関の横にちっちゃい丸あるわー！って思い出して。こいでまほちゃんに、「俺、玄関に、丸いのあるわ」「せやろ、あの人見えてるから」つって。あと「段ボールの上にテレビ置いてるよね。変わったことしてるね」って言われたんですよ。ぼく段ボールの上にテレビ置いてたんです。

ほんで「あなたの家、なんか最近、虫おったでしょ」「引っ越した初日に、虫がいっぱいおったんですよー」「ちょっと明日家行っていい？　このままだとあなたヤバイから」って。なんかぼくが寝てるところが穴になって、でっかい蛇が住んでて、生首くわえとるって言うんですよ。だから虫がいっぱいおんねんつって。虫が死体にたかってるみたいな。

ほんとにぼくの部屋、血なまぐさい匂いがしたんですよ。ほんでカーン、カーンって音がするんすよ、夜中。素人のど自慢大会でヘタクソに歌ったときのカーンみたいな音。「あれって何の音ですか？」つったら「ああ、たぶんやけど、包丁持って歩いてる少年がおる」って。

その少年が、ずーっと歩きまわってて、包丁をふりまわしてなんかにぶち当たる音らしいんです。

ほんで家に来て、除霊してくれたんですよ。「あーもう怖くないからなー」とか言ってましたね。その少年、親に殺されたらしいんですよ。

それで、この家、引っ越したほうがいいよって言われて。

そこ、知り合いが不動産屋と知り合いで、掃除とか手入れがされてないまま入ったんです。礼金敷金がないからつって。だから雑なんですよ。ぼくが行ったとき、虫がいっぱいおって。ほんで全部掃除して、虫も退治したのに、ずっと血なまぐさいんですよ。掃除してもしてもするから気になってたんです。

ママから、「なんか血なまぐさい匂いがするやろー。でっかい蛇が生首くわえてる。その匂いやー」って言われたんですよ。少年は祓ってくれたんですけど、蛇は引っ越すしかないって言われました。

ほんですぐ引っ越しました。だってぼくが寝てたところが蛇の穴やったんすよ。

蛇の話は、話そうか迷ったんです。なんか、ほんまかなあ思って。でも確かに血なまぐさかったんですよ。

でもその家のとき『さんまの向上委員会』も決まったりしたから、蛇がいる部屋でもそんなに運は悪くなかったです。

黒い影

黒い影がシューって飛んでくの、たまに見るんです。すごく悪い霊らしいです。

阪神大震災の後、町を歩いてるとたまに黒い影がシュッシュッって飛び交ってましたね。たぶん、みんな騒いでたんじゃないですかね。

ぼくの見解ですけど、泥棒がいっぱいおったんですよ、震災のとき。みんな避難してるから、泥棒入りまくって、いろんなもの盗まれてたんですよ。とくに金持ちの住んでる芦屋とか盗み多かったんです。そういう人間の欲望がグワーッて噴き出して、みんなの苛立ちが渦巻いてて、悪い霊が騒いでた、お祭りしてたんじゃないかな。人間どもが醜くなってるのがうれしくて。

阪神大震災のときぼく19歳で、震災があった3日か4日後、車で渡部さんって友達と六甲山に上がっていったんです。渡部さんも霊感強い人で、「こういう時期に六甲山に登ったら、黒い影いっぱい見えるから」つって。「なにゆうてるんですかー」って言いつつ一緒にブッワーッて。もう地震で道割れまくってて。ほんだら、六甲山の上のほう、てっぺん近くで、シュッシュッシュッシュッって、忍者みたいに黒い影が飛び交ってるんですよ。「あれ、なんすかこれー」つったら、「これは、今回の震災で亡くなった悪い霊やねん」って。

ほんで、「渡部さんもう帰りましょう、怖いですから帰りましょう帰りましょう」つって。ブワーッて降りていって、そん時ラフィンノーズの曲がかかってたんですよ。「渡部さん、ほんまラフィンノーズ好きですねー」って雑談してたんです。で、山降りる、ちょっと手前かな。後ろに誰かが乗ってるのがなんかわかったんですよね、ぼく。2人の会話がフッて止まったんですよ。

ほんで街に着いて、渡部さんが、「おまえ、後ろ、いてたのわかる?」つって。「わかりました。同じタイミングで黙り込みましたよねー」「おう、思いっきりおったなー」。けど振り返れなかったっすね。

悪い霊って天界に行けないんですって。いい人は天界に行けるんですよ。で、悪い霊はさまよってるんです。「おまえ、あかんぞ」つって上に行かしてくれないんですよ。それで、ちょっとでも高いとこのぼったら天界に行けると思って、山にみんなのぼりに行くんですって。山のてっぺん上がって行って、俺を天界に上げてくれってアピールするんですって。ただ根性悪い奴らばっかりらしいです。だから黒いんですって。

だから富士山の頂上やって、悪い霊だらけらしいですよ。いちばん天界に近い、あんな神秘的な場所が。

霊怖

黒い影2

2023年の話です。

そのときぼく、大きな番組でしくじって落ち込んでて、池袋から自分ちのある下落合まで歩いてたんですよ。考え事あるときとか、よく歩くんですよ。まっすぐ家帰らないで。

今日はもう池袋から歩いて帰ろう思うて。「今日やらかしたなあー、いやーでもなかなか前に出るのも大変やなあー、どうしようかなあー」とか考えながら歩いてたら、でっかい黒い煙が、ぶっわぁーーーって追い越していったんですよ。ほんでパッと右に曲がって、マンションの中入っていったんですよ。で、ぼくがそのマンションの前ついたら、全然誰もいないのに自動ドアが何度も何度も開いたり閉まったりしてるんです。ずーっとバターン、バターンって。震えながら動画撮りました。

その動画を、むちゃくちゃ見える霊能者に見せたら、20代後半ぐらいの髪の長い女性が、自動ドアのとこでずーっと前いったり後ろいったりしてるって。ほんでぼくの方見てニタ～って笑ってるって。「おまえをビビらそうとしてたんちゃうか」って言ってましたね。

黒い影が入っていったマンションの自動ドアが、誰もいないのに何度も何度も開いたり閉まったりしていた。　撮影：チャンス大城

次の日もそこ通ったんで、マンションの自動ドア見たら、全然閉まったままでしたね。

やっぱり落ち込んでるときは寄ってきよるんですよね。見えやすくなるんです。やっぱ周波数ですよね。

ポジティブな奴には霊は寄ってこないですよ。あと家綺麗な人。

ネガティブでドロドロして、俺はもうダメだとか、人の悪口ばっかり言ってるとすぐ寄ってきます。人の悪口ばっかりゆうてる芸人とかおるじゃないですか。仕事なくて、酒ばっかり飲んで、「あいつおもんなーい」って。やっぱり目が濁り出してますもんね。幽霊が寄ってきます。

霊怖

車イスの千代さん

車イスの千代さんっていう友達がいるんです。ぼくの5つから10ぐらい上の男性で、お笑い好きで、ボクシング好きで、そういう趣味から知り合ったんです。千代さんは若いときに大宮駅前で、彼女さんの前でカッコつけて、バイクでウェーイって折り返してて車にはねられて下半身不随になって。全部お母さんが介護してて。自分でジュースとか飲めないんですよ。一緒に居酒屋行っても、手が上がんないから、ぼくが飲ますんですよ。三浦マイルドとかと。「ごはん何食べたいですか?」「じゃあマグロ」つったら、口まで持ってって食べさすんです。

ある日、ぼく、後輩とごはん食べてたら、なんか、ちょっとこう色々こみあげてきて、離婚して生き別れた息子のこととか申し訳ないなーと思って、居酒屋で号泣してたんですよ。ほいたら千代さんからメールが来て、「なんで泣いてるの？」って。後輩に「千代さん、連絡した？」「いや、してないです」、ホラって後輩の携帯見してもらったけど発信履歴ない。なんで俺が号泣してること知ってるんだろう。電話して「なんでぼくが泣いてるってわかったんですか？」つったら、大城くんが泣いてる映像が頭の中に入ってきたって。

三浦マイルドも1回、むちゃくちゃへこんで、どうしよう、どうしよう、どうしたらいいんだっていうときに、急に千代さんから「どうしたの？　なんでそんなに落ち込んでるの？」って電話来たんですよ。

不思議な話、ほんと連絡くるんですよ。ぼくがうれしいときはこないんだよなあ。でっかい収録ではずしたときとか、「あっちゃーやらかしたー、やっぱいなー」って落ち込んでたら電話が来て「なんでそんな落ち込んでんのー？」って。

ぼくは別にXにつぶやいてないんですよ。

下半身不随になってから、大好きな人の映像が頭に流れてくるんですって。その子がへこんでたりしたら、泣いてる映像が頭の中に、脳内に来るんですって。

千代さんはボートレースもよくやるんですけど、「俺ね、ボートレース場で、ちっちゃい女の子の幽霊が出てきて、『次、2-3が来るよー』って言うから『何を言ってるんだよー』つって」。

下半身不随になってから、ちょこちょこ幽霊と会話できるようになって、女の子の霊とちょっと仲良くなったんですって。ほったら、ほんまに2-3が来たんですよ。たまたまや、つってたんですけど、ある日また女の子が出てきて「次、3-4来るから」。ほんまに来たんですって。次は5-6。ほんまに来た。

ほたら、千代さん、最終レース前に友達に銀行いかせて、暗証番号言って全財産おろさせたんですよ。その女の子が最終レース、4-5やゆうから、4-5に全部賭けたんですよ。そしたら来なかったんですって。「おーい」つって（笑）。いたずらしてきたんですって。

それで、千代さんのお父さんが癌になって入院したんです。その頃「しばらくあの女の子出てこうへんなー」と思ってたらしいんですよ。ほたら出てきて「おう、親父に会いに行くねん、明日」つったら「あ、行かんほうがいいよー。もう行っても無理」って。「なんでやねん」「お父さんもう亡くなったー」「何ゆうてんの、まだ生きてるわ」って会話したそうなんです。

次の日の朝、行こうとしたら、病院から「お亡くなりになりました」。そうなんや、あいつの言ったとおりやったなーって。

下半身不随になるまで、そういう力はいっさいなかったんですって。だから、ぼくうまく言えないんですけど、たとえばお酒をやめて、煙草をやめて、お笑いの仕事が入ってきたっていうのは、人間ってそういうバランス的なものがあるんじゃないかって。どこか体を痛めた、障害を負ったことによって、どっかの能力が開く。そういうのってあるんじゃないかなあって。科学的に証明できない話なんで分かんないですけど。何かがない分、どっかが開くっていうのはあると思います。

千代さん、後楽園にボクシング見にいくんが生きがいで。タダで見れるんですよね。しかも一番前で。後楽園のスタッフさんにも「千代さーん」って可愛がってもらってて。お笑いライブとボクシングを見ることが大好きなんですけど、でもお母さんが「私の夢は、地元の那須塩原で農業をすること。農業しながら死んでいきたい」ゆうて。さんざん今まで迷惑かけたからって、お母さんと一緒に巣鴨から引っ越して今は那須塩原に住んでるんですよね。行こう行こう思うんすけどね、なかなか。でも、ときどき電話かかってきます、「大丈夫よ」って。

霊怖

おばあちゃんの霊に棒でどつかれた

高校のときです。車乗ってたら、なんか眠ーくなってきて、寝かけたんですよ。ほだら、脇腹を助手席から棒でどつかれたんですよ。痛くて「ううっー」つって。あれ、よう考えたら俺１人やーと思って、怖なったんです。「ギャアアアー！誰ーーー？」と思って、パッとミラー見たら、後ろにおばあちゃん乗ってて。ほんでシューッて消えたんすよ。

自分のおばあちゃんかどうかわからない、顔は知らないんですよ、写真でしか見たことなくて。

でも「守ってくれはるんかなあ」思って、ちょっとあったかい気持ちになりました。

霊怖

居酒屋ゆうれい

居酒屋たけちゃんっていうとこで働いてたんですけど、そのビル、1階が居酒屋、2階も居酒屋で、3階がカラオケだったんですよ。ほんで3階でよくフォークギターの練習してたんです。タダで貸してくれるんですよ。カラオケ屋もその居酒屋の系列店で。

で、窓があって廊下が見えるんですね。ほんでギター弾いてたら、真っ黒な煙が通ったんですよ。それは衝撃的でした。しかも、いつもは「しゅっ」っていうようなレベルなのが、ゆっくり。千と千尋のカオナシのスピードぐらいですよ。ぐわぁ～～って。そのとき、ギターの弦が、4本ぐらいバチーッて切れたんです。その日は震えながら帰りました。

居酒屋たけちゃんは朝5時までやってて、2階は2時で終わるんですよ。で、セコムかけて、ピッとして、誰も入れない状態にさすんです。ほんで、1階は朝まで営業するんですよ。ぼく朝までオールナイトでバイトし終わって、まかないが出て友達とちょっと打ち上げして帰るんです。お客さん追い出して、レジ締めて、皿洗いも全部して、まかない食べてるときに、必ず、必ずです、2階からカチ、カチって音するんですよ。ハイヒールで歩いてる音ですね。誰もいないんですよ。2時過ぎたら階段は途中までしか上がったらダメなんです。上がったらセコムに引っかかって警備の人来るんですよ。なのに、コッ、コッって響いて。それは従業員みんな聞いてて、幽霊や！って怖がってました。

調べたら、2階で女の人が首吊ってるんですよ、居酒屋になる前のそのビルで。ぼく、その頃お笑いの仕事がぜんぜんなくて、前に撮影で港に行ったときに見かけたフグの置物みたいなのを、お笑いの道具として使えないかなあーと思って、友達に連れてってもらって買いに行ったんですよ。ほんで友達がお金出してくれてフグの置物買って、そこの港でおにぎりを食いながら海見てたら、ぽわーって歩いてたおばあさんが「あの、ちょっとあなた、美味しそうなおにぎりね」みたいに話しかけてきたんですけど、「あなた、あの、苦しんでる女性の霊に取り憑かれてるよ」って言われて。

ぼくずーっと首痛かったんです。

ほいで、居酒屋に電話したんですよ。ぼく4日休んでたんです。そのときお笑いの劇団の事務所に入ってて公演でしばらく行けなかったんですけど、ずーっと稽古中首痛くて。

居酒屋のバイトリーダーに電話したら「最近コツコツって音せえへん。おまえが劇団の仕事行ってから、音しなくなった」って。

ぼくが連れていってん。

ぼくに憑いてんのかなあーって、怖かったですね。それは除霊してないです。お金なかったんで。除霊どころか生活費もなかったんで。1ヶ月ぐらいずっと痛かったですね。いつの間にか痛くなくなりましたけど。

霊怖

ロシアの透視少女ナターシャ

25年前くらいかな、『奇跡体験！アンビリバボー』出たんですよ。ナターシャさんていう8歳のロシアの透視少女が、体のなか透視できるっつって7人ぐらい呼び出されて。ペースメーカーの人とか体の中身に、ちょっとこう特徴がある人が呼ばれてたんです。ナターシャさんのお父さんお母さんも来てて、東大の教授が電気の線みたいなの繋いで脳波はどうなってるのか調べたり、みたいな。

その子は、3歳4歳のときに、「お母さん、トマトスパゲッティ食べるんなら、私にも言ってよ」「なんでママがトマトスパゲッティ食べたってわかるの？」「いやいや、もう、胃の中が見えてるから」って調子だったそうで、ほんとかー？と思って。ぼくちょっと、やらせかなあーと思ってたんですよ。

ご存じの方多いかもしれませんが、ぼく、心臓が右にあるんです。というか内臓が全部左右逆になってるんです。鏡に映したみたいに。どうせナターシャさんは前からそれ聞いてんやろな、と。

そんでぼくの出番なったときに、「心臓が右にありますね、鏡じゃあ!」って言うんやろうと思ったら、「!#$%&=☆♡W#$@+*::::*$#!!!(ロシア語)」つって、ぼくの股間を指差してきたんですよ。なんかなーと思ったら、ぼくの通訳の日本人の女性が、「すいません」つって。「私はこういうことを公共放送で言いたくありません」って言うんです。「これ何を言うてるんですか?」って聞いたら、「キンタマが欠けてる」って。睾丸が欠けてるってゆうてはると。それ、スタッフさんにも誰にも言うてないんですよ。ほんとにぼく、右の睾丸欠けてるんです。

昔、暴走族にパシリにされてて、バイクの後ろ乗せられたときに、転倒してガーンいって、睾丸ぶつけて、あんまりにも痛くて病院行ったら、睾丸欠けてしまってる、って。もう『スター・ウォーズ』の惑星ちゅうか(?)、子ども作る分には支障はないけど、欠けてしまってる、って言われたんです。欠けたままずーっとおって。

右の心臓うっちゃって、睾丸が欠けてるって。人間ってすごいやん、なんでそんなとこ見えてんねんと。やらせでもなかったし、それはびびりましたねー。そういう能力があんのやと。ぼく、誰にも言ってなかったんで、キンタマ欠けてることは。

でも睾丸欠けてるって言ったときに、ぼくがちょっと嫌やなー思ったのは、ナターシャさんのお父さんお母さんが大爆笑してるんですよ。「睾丸が！　ハッハッハ！　あいつ睾丸欠けてんのか～」って。ここで笑うんやっていう怖さがね。

ほんで、スタッフさんが「もっと上見てくれ」って。内臓、きれいに逆すぎて分かんないんですよ。ぴったり逆なんで。

昔レントゲン撮ったときに、看護師さんが医者にすげえ怒られてたんですよね。「これ裏や、貼り間違えてるやないか、レントゲン写真」って。「そんなわけないです」「ほら、逆なっとる」「あの、ぼく心臓逆なんです」。貼り間違えてなかったんすよ。「あ、ごめん」つって。

ほんで、ナターシャさん、ぼくの体見て、「まったく正常、胃が荒れてるぐらいです」って。

もっとよく見てくれって言ったら、「いやーとくに異常はないですよ」。なんか、位置が逆だったりしないか、つったら「うわあーーー！」って、むちゃくちゃ興奮してました。

初めて見たんですって。どうなってんねんと。なんで肝臓がこっちにあんねんと。すごい！って。

ほんで、その収録の後に近所のおかみさんがやってる和食のカウンターだけの居酒屋に行ったんです。ぼくそこよく行ってたんですよ。お金なかったんですけど、そこのおかみさんが美人で、ちょっと無理してね。で、「テレビ出ます、『アンビリバボー』、夜8時、全国デビューします！」って報告したんです。ぼくはキンタマが欠けてるって北海道から沖縄まで流れたら、芸人としてめちゃめちゃ美味しいと、最高のお土産やと思った。おっしゃー、キンタマが欠けてる、頼むぞー！　と。

そしたら流れないんですよ、カットで。

後日聞いたら、キンタマが欠けてるって人権問題になるから流したらダメなんですって。こっちは美味しいのに。

もう日本酒で、グワーやけ酒ですよ。

「惜しかったよ、キンタマ～」つってたら、おかみさん、「あんたキンタマ欠けてるぐらい、どうってことないわよ。もうちょっと自分の腕で笑かしたらいいじゃない。大丈夫、あなたぐらいおもろかったらキンタマで笑いを取らんでも全国行ける」って。

今、そのおかみさんにお会いしたいですねぇ。

霊怖

演出家とぼくの目の前で子どもの手が

20何年か前です。大阪の今はなき近鉄劇場で、ある劇団のチョイ役で出してもらってたんですよ。で、悲しいシーンがあったんですよね。悲しまなあかんのに、なんか舞台袖に、子どもが10人ぐらいいて騒がしいんですよ。実際数えてはないんですけど、なんとなくそれぐらいの数の子どもがいて、キョロキョロしてる感じやったんですよ。声が聞こえてくるんです。（こんな子どももいっぱい誰やねん、このシリアスなシーンで。これ、たぶん客席聞こえてるんちゃうか）って気が散ってもうて。ほんとはもう、はぁー……っていう泣きの芝居のとこやのに。まあ別にぼくなんてセリフなんかないんですけど。

で、終わったあと、演出家の人にリハーサル室に来いって言われて。行ったら四方、天井まで鏡張りの部屋で、演出家は長机座ってて、灰皿が飛んできたんですよ。「おまえなめてんのかコラァ」つって。「おまえ芝居ちゃんとせえ！　なにキョロッキョロしてんねん、ずっと横見てんねん」「いや実は10人ぐらいの子どもの声が聞こえてきて、ぼくもなんで子ども連れてきとるんやろうと思って」「おまえアホか、コラァ、子どもなんか連れてきてるわけないやろ！　何が10人じゃ、ボケー！」つって。無茶苦茶怖かったですよ。

ほいたら「殺すぞゴルァー！」「わかってんのかゴルァー！」ってキレてた演出家の人が、突然上の方見て「あああああ……」って言い出したんですよ。

ぼくもそっち見たら、絶対脚立じゃないとのぼられへん高さに、子どもの手形が、ピタ、ピタ、ピタ、ピタ、ピタってついていくんです。最初っからバーッてついてたんじゃなくて1つずつ。

ぼくもハァ〜〜って腰抜けてもうて。演出家の人、帽子とか持って「おい大城、大城、外行くぞー」つって。

ピタピタピタピタピタピタ……。

「わあああー!!」って2人で外出たんです。

その夜はもう公演も終わってなんもなかったんで「おい、ついてこい。飲みに行くぞー」「は、はい」つって。演歌がかかってるような古い居酒屋行って。「ふぅ〜……。おまえさっき袖で子どもの声、10人ぐらいしたって言ってたやろ」「はい」「たぶんおったなー。あれ、おまえの言うとおり」って。「たぶん幽霊やなあ。10人来てたんやろなあ。はー、びっくりしたなぁ。おまえ見たか」「あ、はい」「脚立にのぼらんとあんなできへん。びっくりしたなぁ」つって。「さっきあんなキレてごめんな、ほんまにおったな、たぶん袖に。悪かったな」って謝られました。

後で島田秀平さんにその話をしたら、「たぶん大城さんが怒られてたから『ぼく達ほんとにいたんだよ』って現れたんじゃないですか」って。

次の日、警備員さんに「ここ幽霊出るでしょ」って聞いたら、「あ、見ましたか、ここ多いです」って言われました。警備員さんが夜中警備してて、劇場も見回るんですって。ほんだら1回、夜、休演のときに入ったら、演劇してたって、幽霊が。子どもも大人もいたって。明らかに幽霊が舞台で、なんか騒いでるんですって。その人は演劇って言い方したけど、ほんとは演劇じゃなかったかもしれないですけど。ただ単に舞台で喋ってただけかも。ほんでビビりながらドア閉じたって。

テレビ局とか劇場とかね、やっぱ寄ってくるらしいですよ。よく声とかしますもん。

霊怖

山奥のタクシー

福井県の大野っていうとこに営業いったときの話です。

大野市からちょっと行ったとこで昔の同期の子がスナックのママやってて。来いよって言われて、じゃあ行くわ、つったんですけどタクシーつかまらなくて。歩いてくかーって、ちょうど山越えたとこ歩いてたんです。暗い山道で人通り全然なくて。ほんだら、突然タクシーが1台ぱっと来たんですけど、後ろに女の人乗せてたんです。つかまえようとしたけど、あ、人乗ってたって。ほんで、追い越していったんですけど、ちょっと先でハザード焚いて止まったんですよ。ほんで、ぼく追いついて、見たら空車やったんですよ。運転手さんも誰も乗ってなくて。ほったら、ガードレール越えた下の方から、「うっ、うっー」って声聞こえるんですよ。なんか事件に巻き込まれたんかなー思ってガードレール乗り越えて

「ううう――」って声のする方に行ったんです。おそるおそる木の陰から見たら、運転手さんがウンコしてた。ビックリしましたね。

ほんでぼく、こっそり戻って知らんふりして待ってたんすよね。女の人乗せてたのに空車にしてるから、その女の人、ここで降ろしたのかなあ、街中やないのになんで？　とか考えながら。

ほんで、乗せてもらって聞いたんです、「女の人乗ってたんですけど、気のせいですかねえー」って。ほんだら、運転手さんが「ああ、よく、霊能力者とか霊感強い人は見えるみたいなんですけど、ぼくの亡くなった奥さんがいつも乗ってるらしいんですよ」って。「心配なんでしょうねー」つって。その運転手さんは見えないって言ってました。

あん時に後部座席にいて、風吹いたなあ。霊がいるとき風が吹くんすよ。やっぱアピールしてくるんだと思いますよ。前からやったらわかるけど、横から吹いてた。奥さん、心配だからいつも後部座席に乗ってるんですね。

ほんでスナック着いて、お金払ってお釣りもらったんですけど、手洗ってないなあとは思いましたね。それも怖かったな。

霊怖

ぼくの部屋に霊穴があった

幡ヶ谷と笹塚の間ぐらいのアパートに住んでたときです。

三浦マイルドがぼくの部屋に遊びに来て、あんまりにも散らかってたから、掃除してくれたんですよ。ほんで三浦マイルドが「チャンスさんの部屋を掃除しました」って、写真撮ってツイッターとかFacebookにあげたんですよ。

ほいたら台所の流しの上になんか焦げたみたいな黒い丸いのが写ってて。

霊能力者からメッセージきて、この写真に写ってるのは霊穴や、ぼくの部屋があの世とこの世の境目になってるって言われたんですよ。人気ラーメン店ぐらい霊が並んでるって。

もともとそこの土地、処刑場だったんですよね。牛裂きの刑って言って、牛を4頭、両手両足にくくりつけて別々の方向に走らせて体裂いたっていう。

ほんで、清野とおるさんっていう漫画家さんが『東京怪奇酒』っていう漫画描いてるんです。心霊スポット行って、そこで酒飲んで、お酒の高揚感と幽霊が出るっていう怖さがドッキングするところを楽しもうっていう。それがテレビ東京でドラマになって、で、ぼくの家をドラマにすることになったんです。まず下見で、撮影前にどんな感じか見るためにテレビ東京の人とか霊媒師の人が来たんですよ。

ほいたら、むちゃくちゃ霊並んでるって。恨みつらみがあるから天界に行けないんだって。

ぼく、なんかかわいそうになって、「みなさーん、すいませーん、ぼくも高校時代山に埋められたことあるんですけど、今はそいつを恨んでません！　みなさんも恨みつらみなんか忘れて、早く天国に行ってください」って呼びかけたんです。だんだん涙出てきて、「本当に天界に行ってくださーい！　お願いしますー！」って大声で。ほんで霊媒師に「今、霊のみなさんどんな感じですか？」つったら、誰も話聞いてないって。周波数が合うてないんですって、ぼくと。「なんか騒いどるな」くらいで。

そこのアパート、ＢＢゴローさんっていう稲川淳二のモノマネする芸人がいて、遊びに来たことがあるんですけど、夜中に共同便所行ったら、「廊下に白い着物を着たおばあちゃんいたけど、誰？」つって。そんなんいてへんから、酔っ払ってんのかなあと思って。

で、ぼくの隣の大学生が、もう出ていくつって挨拶来たんです。今までありがとうねーって。ほんで「あ、大城さん、たまに白い着物着たおばあさんが廊下歩いてたの、あれなんだったんすかねー」って。あ、やっぱＢＢゴローさんと同じこと言ってると。

たまに廊下にブワーッて白い靄かかってるときもありましたね。それはぼくもしょっちゅう見てました。煙かと思ったけど、なんの煙か分かんないんですよ。別に匂いがないので。焼き魚の煙とかじゃなくて。

ほんと呪われた土地で。むちゃくちゃ怖いです、あそこ。

流し台の壁に黒い丸いものが。これが霊穴であの世とこの世の境目らしい。
撮影：三浦マイルド

霊怖

生き霊を出してしまうぼく

レインボー・ジャンボたかお、整体院でチャンス大城の生き霊を目撃

——レインボー・ジャンボたかお談

以前、自分、ぎっくり腰やっちゃって。で、そのときにネルソンズの和田さんが、「ゴッドハンドいるよ」と。もうすごい知る人ぞ知るゴッドハンドがいると。「だからそこ行く?」って言われて「ええっ、いいんですか!?」つって紹介してもらったんです。

で、そのゴッドハンド行くんですけど、予約とか一切できなくて、行ってみると大行列なんですよ。「えー!? これ何分ぐらい待つんだろう」と思って並んで。そしたらもうスイスイ進んでいくんですよ。診察時間1人5分ぐらいしかなくて。1人5分くらいで治すってどんな感じなんだろうって思いながら進んでって。

4人前くらいになったら部屋の中に入れるんです。俺と入ったのが、まず、おばあちゃん、紳士、で、俺の前が帽子を目深にかぶったなんか汚めのおじちゃん。リュックにドラえもんのキーホルダー山ほどつけてるの。

それで「はーい、じゃ、どうぞ」って呼ばれて、おばあちゃん入ってって。そしたらほんと90度腰が曲がってるおばあちゃんが、背中真っ直ぐで戻ってくる。もう「これ5分の間になにがあんの!?」みたいな。

そしたら次に肩を押さえた紳士が入ってって、カーテンなんで中の声全然聞こえるんですけど、「ありがとうございますー! ぼくは歯医者をやってるんですけど、もうほんとにこの肩の痛さで廃業しようと思ってたんです、先生のおかげで続けられます〜!」って、もう泣いてて。ほんとこうやって肩を回しながら出てきて「すごいな〜」って。

そんでその汚いおっちゃんも入って。5分くらいしたら出てったんです。

で、次が俺の番。そしたら50歳くらいの眼鏡かけたスラーッとしたおっちゃんだったんすけど、「はい、こんにちはー。どうしたの、今日は」「実は腰が痛くて」「マジ？　ちょっと診るね」って腰こうやって触って、「うわ、ヘルニア出てるよ、きみ。これ手術だよ。ま、ぼくなら治せるけどね」「ええっ!?」「はいじゃあいくよ」つって。ベッドで横になって、なんか背中をトーントトトトーンみたいな。ギューって押すとかこするとかいう施術じゃなくて、トーントトトトーントントンって触るだけなんですよ、マジで。俺「なにしてんの、このおっさん。そんなんでよくなるわけねーだろ」と思って。「はい、じゃ立って」って立ち上がったら、一切!!　痛くなかったんですよ。「えええ!?」と思って。あんなに歩けないくらい痛かったぎっくり腰がまったく痛くなくて。

「どう？　まだ痛い？」「いや〜……」みたいな。もうひいちゃってそんな感じになって。そしたら「いやハッキリ言ってもらわないとこっちもわかんないからさ。どんな感じなの？」って言われて、俺「正直、ひいちゃって……」って言ったら、「あー。ひいちゃう人も結構いる」「すごいっすね!!

先生マジっすか」つって。

で、施術はだいたい1分2分で終わるんで、残り3分くらいは世間話なんですよ、その先生っておしゃべり好きで。「きみ仕事なにしてんの」「あ、芸人やってて芸人の紹介で」「あー、うち芸人さんいっぱいくるからね。あの人もあの人もあの人もくるし。あれ、ってか、さっきの、きみの前の人、気づかなかった？」「え？　あの帽子を目深にかぶった」「そう！　あれチャンス大城くんだよ」って言われて。「え!?　あれチャンスさんだったんですか。ああそうか、気づかなかった、挨拶ちゃんとすればよかった」「そうだよ、なにしてんの～」なんて言われて。

レインボー・ジャンボたかお

その2週間後か3週間後くらいにたまたまチャンスさんにお会いして、そのときに「あ、チャンスさん。この前どこどこのゴッドハンド、ぼくも行ったんですよ～」って言ったら「あ～、いいよね～。

ぼくねえ、一度行ってみたいって思ってんだよなあ！」って言うんですよ。

「いや違います違います、ぼくチャンスさんの後ろ、並んでたんですよ」「一度行ってみたいよね〜。すごいんでしょう？」「え、違う違う、え、チャンスさん、行ってらっしゃらないんですか？」「え、ぼく行ったことないよ」「どこどこのですよ？」「うん、ない。すんごい行きたいと思ってるけど」「え？　あの、チャンスさんってリュックにドラえもんのキーホルダーめっちゃつけてます？」「あぁ、ドラえもんの、つけてる」「あ、じゃあチャンスさんです。先生もチャンスさんって言ってましたし。チャンスさんですよね？」「いやぼく行ったことないよ」「は!?　これどういうことですか」つったら「あー、そっか。またやっちゃったか。ぼくねー、行きた過ぎると生き霊飛ばしちゃうんだよ」って言われたんです。

　いやいやもうマジで「え!?」って。

「いやいや、そんなわけないじゃないですか」って言ったら「いやな、ぼくほんとにあんのよ。BiSHのコンサートもこの前生き霊でいっちゃった」って。

BiSHのコンサートで「チャンス大城いた、チャンス大城いた」って目撃情報めっちゃあったんですって。

いやぁ、でも、あんなにハッキリねえ。不思議なもんで、そう言われると俺ん中でもぼんやりなんですよ。印象がないというか、その汚いおっちゃん。前の前の歯医者さんが喋ってるのはカーテン越しに聞こえてたのに、その汚いおっちゃんは、喋ってたんでしょうけど印象がないんですよ。

すっごい不思議な気持ちですね。

*

ぼくは生き霊出してる意識ないですけど、よく言われるんですよねー。

R-1グランプリの2020年か2021年、準々決勝で、むちゃくちゃしょうもないミスしたんですよ。人のアドバイス聞きすぎて変えたら、ネタがグチャってなってもうたんです。もう、ほんと、家帰って悔しくてねえ。「うわあああああー」って。腹立って腹立って。ほんっと決勝、絶対行けるぐらいのネタやったんですよ。自分のせいなんですけどね。ほんで、この怒りをどうしていいかも分からんし、忘れよう忘れよう思って。

ほったら、ルミネtheよしもとの準決勝に「大城さんなんで来てたんですか?」って3、4人に言われたんですよ。舞台裏にいたらしいです。スタッフのひとりも「大城さん、あのー、偵察来た?」つって。はっきり見えるらしいんですよ、ぼくの生き霊。

馬怖

千原ジュニアさんとＩＭＡＬＵさんとぼくで、沖縄でテレビのロケがあったんですね。

2日目だったかな、馬に乗って海で泳ぐっていうのができるとこにロケ行ったんですよ。人を乗せて馬が泳ぐんです。

まず馬に乗る練習して、で、馬に乗って、海岸まで行くんですよ。インストラクターの人が指導して。まず女性のインストラクターの方が膝ついて太ももに乗ってくれ、つって。その女性の太ももに足を置いて馬に上がるんです。もうビクビクしてたんですけど、ぼくが乗ったの「大丈夫ですよ、いちばんおとなしい馬です」と。「私もインストラクター5年間やってて、いちばんおとなしい、人に慣れた優しい馬なんで」って。そうなんだー、気性が荒くないほうがいいなー、よかったーと思って。

　ほんで砂浜まで行ったら、その馬が波のとこに着いた途端、こう、バターッ！って横に倒れるんすよ。ウワーー！ってびっくりして。インストラクターの方が慌てて「足アザなってないですか!?」って。これオンエアされてるんですけど、ドーン！　と横に倒れたの。まぁ下砂浜なんで「体痒いんかなー」と思って。ほいで、また「私の太もも乗ってください」。(嫌やなあ、この人の太もももまた乗んの、気ぃ遣うわ)思いながら乗ったら、またボッカーン！って倒れたの。「私、もう6、7年ここおるんですけど、初めてです、お客さん乗せて砂浜で倒れたのは。これちょっともうやめときます？　もし足挟んでたら骨折れますから」ってインストラクターさんが言うんですよ。なんとかぼく、下落ちるときに、ぱって逃げたんです。でももう1回やったら、またドーン！って倒れるの。

　ああ、なんか、おちょくってるのかなー、もう嫌やなーと思ったんですけど、でもテレビ局の人が、いや、どうしても撮りたいって。6回倒れられたんですよ。で、7回目、なんとか海まで行けたんです。もう、ジュニアさんとＩＭＡＬＵさんは海で楽しく乗馬してて、ぼくのことなんて頭にもない。インストラクターの人と一緒にキャー♪って。

で、ぼくもやっと海に入れる思たら、馬が信じられへんスピードで駆け出して。もう、全速力。ようヤンキーが乗ってるような、ジェットスキーみたいなスピードで沖に走ってくんですよ。ぼく塩水飲んで「止めてくれやー、止めてくれやー！　助けてくれえー！」って大絶叫ですよ。ずっと映ってるんですけど。インストラクターさんが「いい加減にしろー！　分かれー！」つって。途中もう手え放しました。死ぬと思って。で、やっと砂浜あがってハァハァハァってやってたらインストラクターさん、「おかしい、こんなん初めてですー。むちゃくちゃおとなしい馬なのに、なんかあったんですかねー」。

その後、沖縄の知り合いでちょっと霊感強い奴がいるんすけど、そいつがテレビでその番組観たら、ぼくの背中に黒い影が映ってたって。

そのことをジュニアさんに喋ったら、ジュニアさんが「あれ、馬がおまえを殺そうとしてたんじゃないか」って言うんです。ぼくになんか悪い霊が憑いてて、それを殺そうとしてたんじゃないか、もうおまえごと殺そうとしてたんじゃないかって言ってましたね。溺れさせようとしたのかもしれないですよね。馬、思

いっきり察知してたんだろうなー、こいつやばいって。いっちばんおとなしい馬
つってましたから。

チャンス大城が乗ろうとするたびに馬が何度も何度も倒れて落とされた。その様子はテレビでも放映されている。©千原ジュニア、トラべらせていただきます。第1巻

霊怖

どん底時代に死神を見た話

２００９年、34歳のときですね。仕事の人間関係をしくじっちゃいまして。その時いた事務所で、派閥が２つあって、どっちつかずみたいになって。あんまり生々しく書けないんですけど、けっこう追い込まれてまして。

その頃ぼくが酒ばっか飲んでいい加減やったんで、気づいたら奥さんともう全然口も利いてない状態で。２００８年に結婚したんですけどね。その年に子どもも生まれて。

１回浮気したんですよ。浮気は人生でそれだけなんですけど。それがバレて、そっから仲悪くなって。

その後にその人間関係のしくじりがあって、もう仕事も家庭もどん底状態ですね。だんだんご飯も食べれなくなって、どんどん痩せ細っていって。どうしよう

どうしようつって、解決策がないんですよね。芸人をやめる以外。

芸人やめるっていう発想になったらよかったんです、今思えば。そのときはその発想もなくて、もう死ぬか生きるか、みたいな。もう鬱病なんで。奥さんとはずっと口きいてなかったんですけど、どんどんもう、なんていうんですか、サイコパスな人間になってるから、たぶん引いてたと思います。

煙草何本も吸うんですよね、ずーっと。とにかくもう口が寂しくて。えげつない数でした。

で、残りの決まってるライブだけ出たらもう引退しよう、やめて死のうと思ったんですよ。

ライブの稽古があったんですけど、ご飯食べてなくてもう頭回ってないんです。どうやって家帰っていいか分からんくなるんすよ。高田馬場から東西線で早稲田で降りて、なぜかバス乗ったりして池袋に行って。池袋で、どうやって帰ろうかなーって、めちゃくちゃなんですよ。

食べてないと、すべて崩れていきます。体重がみるみる落ちていって。性欲なんて、なんっっとも思わないすよ。ほんとに、性欲と食欲が奪われたら、もう終わりです。

ずっと自殺サイト見てるんすよ。どうやって死ぬかとか考えて。

ほんで、黒い影をすごく見るようになって。

家の中でも止まれないんですよ。ずっと歩きっぱなし。玄関からベランダまで何往復もしたりするんです。

お金ないから、ぼくがとにかくバイトしなきゃいけなくて、でもバイトに行けないんですよね。歌舞伎町の、コンサート会場とかプロレス会場になるホールみたいなとこの売店で働いてて、そこでもずっと歩いてるんですよ、止まれなくて。椅子に座れないんです。心配ごとが、大丈夫か、大丈夫かってなってもうて座れないんですよ。

そこのリーダーのおじさんが、その人も鬱経験者で、泣き出して「何があったか知らんけど、大丈夫かー」つって。

ほんで、しばらく休めって言われてバイトも行けなくなって。もう収入源がないんですよ。どうしようかなー思うて。

これはいらんつったらいらない話なんですけど、荒川のほうまで歩きながら、花壇の花どけるのに、ぼく、むしりながら歩いてたらしいんですよ。

ほなら、「やめろー!!」って聞こえてきて。パッと見たら、なんかロケやってて、ぼくに怒った人が地井武男さんやったんです。『ちい散歩』中やったんですよ。後で調べたらやっぱ2009年、荒川特集やってましたねー。ぼく、「あ、すいません」って言いつつ、もうそれどころじゃないんで。

残ってる舞台がつらかったっすね。もう体の動きも悪くて。仲間もみんな心配してて噂なってました。チャンスがおかしいって。「おまえなんや、なにがあってん？　はっきり言えー」って言われても、ぼくはもうなんも言わずに帰っていくんすよ。

家帰るまで、何回もそのへんに寝るんです、体力がないから。しょっちゅう空見てました。ご飯食べてないから燃料がないんですよ。

あと決まってるライブ2本終わったら、もう樹海行こうって決めてたんです。樹海で死のうと思ったのは、首吊る勇気はなかったんですけど、もう飯食ってなかったから、餓死できるなと思ったんですよ。ほんでやっぱその辺で死ぬのもちょっとカッコ悪いなーちゅうか。

で、大喜利ライブがあって。今考えたら大喜利ライブなんてね、体調不良で休めばよかったやん。なにを俺行こうとしたんやろ。死ぬんでどうでもええんですから。あほやなあ、俺なあ。

大喜利ライブ、トーナメントに負けたら帰れるんですよ。すぐ負けたろう思って、ほんで、楽屋いたくないからトイレにいたんです。ずっと隠れてて。後輩芸人に、俺が出番のとき呼びにきてくれ、つって。楽屋でもあんま誰とも絡まんようにして。

ほんで、一応無理矢理出たんですけど、「こんなタクシーの客はいやだ、どんなの？」つって。なんかもう、無で、答えんかったらいいんですけど、答えないのってなんか目立つなー、あたりさわりなく終われたらええなーと思って。

タイヤに踏まれたオジサンの絵描いたんですよ。「車に踏まれた人が乗ってきた」つったらドッカーンウケて。頭回ってないはずやのに、次もまたウケて。ほんだら1回戦勝っちゃったんすよ。で、またそのままトイレ行って待ってて。ほな次も勝って。優勝したんすよ。全然嬉しくなかった。これからもう死ぬのに。

そんでぼく、その後、プロレスの試合があったんですね。西口プロレスっていう。

その試合会場行くときに、阿佐ヶ谷の駅出て商店街に入っていくんですよ。で、まっすぐ行ったら阿佐ヶ谷ロフトAっていう会場なんですね。そこで西口プロレスの試合が行われるんですけど、ローソンのとこ左に曲がった自動販売機の前に座って、近くにいるのにもう西口プロレスに行く余裕がないんですよ。

「行ったところで俺試合の段取り覚えてない。覚えられへん。相手にも大恥かかすだけや。もうこのまま樹海行ったほうがいいんちゃうか。試合終わって行くより。どっちがええやろ。でもなあー、試合相手の子かわいそうやなー、俺が行かんかったらかわいそうやなー」思って。どうしようってずっと考えてたんすよ。樹海に明日行くか今日行くか、西口プロレス行くかって。

ほんで、だんだんリハーサルの時間が迫ってきて。もう3秒ぐらいで終わろう思って。もうしゃあないと。試合覚えられへんから。試合って全部、段取りが決まってるんですけど、ほんと覚えてないんですよ。なんも食べてないんで。

で、「試合の段取り覚えてへん」ゆうて、試合相手の後輩の子に謝ったんすよ。ほいたら後輩が、首絞めるヘッドロックっていう技があるんですけど、「ぼく、首絞めるんで、大城さんの耳元で次の展開を教えます、この次なんとかですって。1回1回ヘッドロックしましょう」つって。ほんで、チャンス大城、入場ですつって、出てきたら、もう、実況が「すごい！　チャンス大城！　体絞ってきた！」。ぼく、むちゃくちゃ筋肉質でしょ。贅肉が全部ないから、なんか鍛え上げたみたいになってて。筋肉質なのでガリガリに見えないというか。むちゃくちゃ仕上げてきたー、みたいになって。

ほんで、始まっていちいちなんかやるたび、後輩が耳元で「大城さん次あれです」、「大城さん、次、場外行って」、ヘッドロックやりすぎ。解説の人が、「なんでこんなロックアップ多いんですか」つって。

ほんで、ぼくが勝ってチャンピオンになるっていう段取りだったたんですよ。最後3カウント取って、あー終わった、あとは樹海行って寝るだけやと。俺の人生もう最後や。よしチャンピオンなったぞーつって。

ほんだら、まったく段取りではなかったんですけど、その西口プロレスのエース的な存在のKIDくんっていう子が乱入してきて「おい、来月挑戦させろ！」って言うんですよ。「チャンス、次は俺にやらせろ」つって。で、「俺は、明日樹海で死ぬから、来月、もうこの世にはいないんだ。勘弁してくれ」つったら、けっこうウケたんですよ。なんのボケなの？って。

ほんで終わって、「もうほんま、今日すいませんでした」ゆうて、「あ、KIDくん、ほんま来月ぼくいてなくて」「何をゆうてるんすかー」みたいな。

で、なんとか家帰って。家帰っても嫁は無視ですよね、ぼくのこと。慣れってて怖くて、喋らないのが当たり前になってしまってましたね。

入って奥の部屋で、ぼく・赤ちゃん・奥に嫁の並びで寝るんですよ。で、寝ようとしたけど、鬱って寝れないんですよ。最近寝たのいつか覚えてないんですよ。一瞬記憶失うぐらいはあるんですけど。

ほんでふすまの間から奥の台所の方ずーっと見てたら、黒い3人組がいるんです。

普通やったら「泥棒！」ってなるじゃないですか。でもぼく、「死神ちゃうかなー」思ったんすよ。死にそうな奴探してるんちゃうかな、思て。3人でぼそぼそ話してるんです。

そのときぼくの体から漢方薬の匂いがし出したんですよ。今まで経験したことのない匂いが、ブッワァーって。正露丸の強い版というか。ほんだら太陽が昇ってきて、一瞬顔が見えたんですけど、骸骨の顔やったんですよ。マントみたいなの着てて。

ぼくね、情けない話、あんとき、赤ちゃんに助けてくれって言ったんすよ。助けてくれって言ったら、赤ちゃん、小さーい手ですよ、ぼくが握ったらね、握り返してくれたんですよ。赤ちゃんからエネルギーもらったかもわからないですね。ほいたら一瞬で消えたんです。幻覚でもなんでもないんですよ。確実に見た。で、四つん這いで風呂場まで行って、石鹸でガーッて洗ったんですけど、匂い取れないんですね。

ほいで、もうやばいと思って、東京厚生年金病院の心療内科に駆け込んだんです。予約してないんですけど、つって。

ほならね、若いハンサムなお医者さんです、眼鏡の。「どうされました?」つって。もうやばいんですって言って、これまでの流れ言って、死神のこととかワーッと喋ったら、「自律神経失調症ですねー」。あれ、俺、自律神経失調症なんやーと。もっとなんか違う病気やと思った。「こちら2週間後に効いてきます」って、薬出されて。

「ただ、大城さん、ぼくと約束してくれませんか」って言われたんです。「薬が効くまでの2週間、絶対にホームから飛び込んだり、マンションから飛び降りたりしないってぼくの目を見て約束してもらえますか」「約束します」「じゃあまたお会いしましょう」。そっから薬飲むようになって。

ほんで、ぼくのこと怒ってる先輩に電話して、「すいません、助けてください」って言ったんです。助けを求めたんですよね、怒ってる先輩に。もう、手の内がなかった、カードがなかったんすよ。ほんで謝りに行って。

なんかギリギリで生きたくなったんでしょうね。

そのままもう会社も辞めて。もう腹括ったんすよ。こじれた先輩達にだけ許してもろうて、ちょっと楽になったんです。

樹海行ったら確実に死んでたと思う。でもどう行ったものか、行くまでに脳みそ回らんでしょうね。だから、死ぬってパワーがあるってことですよね。

精神安定剤飲み出して2週間後かなあ、子どもを保育所に届けるときにね、ははははは、はははは〜って急に笑い出したんです。びっくりしました。何がおもろいのか分からん。でもなんか、一気にスパーン！　って楽になって。

ほんで、なんかお腹が空いてきたんですよ。それで、吉野家入って定食を頼んだんです。全部食べれたんですよ。食べた瞬間に、ブッワーーー涙出てきて。ご飯食べれたーと思って。中国人の店員さんに「そんなに美味しいですか？」って言われたの。ぼく「こんな美味しい料理は初めてです」って。ふだん何食うてんねんって（笑）。

ほんで、ちょっとずつ元気が出てきて、ライブも復活しよう思て。

あのとき死神はっきり見えましたねー。３人で喋ってた。変な奴おるなってなったんちゃいますかね。人間のドロドロしたもので悩んでる奴っちゅうのは来やすいかもわからないですね。たぶんドス黒いものが見えたんだと思います、ぼくの中に。

ふだん空とか飛んでて、なんかドス黒いものを嗅ぎつけて寄ってくるんじゃないですか。

人間って結局なんなのかなあって。環境が悪くて不良になる奴とか、犯罪を犯す奴とか、結局最初は皆さん赤ん坊だったじゃないですか。なんかね、すごく思うんすよね。

大金持ちになりたいとか、いい女を抱きたい、外車に乗りたいとか大きな家住みたいとか楽して金持ちになりたいとか、そういう感情がぶつかりあって、で、嫉妬とかなんか、いろんなものが、「あーーー！」ってなって。調子に乗って周りが見えなくなったりとか。最終的にそこで踏み外した奴が犯罪者とかになって。人間ちゅうのはほんと怖いっすよね。なんか、生きるって、繊細だし、デリケートで。ちょっとしたことで終わってまうというか。

何年か後に、阿佐ヶ谷ロフトAのライブ呼ばれたときに行ったんすよ。その、樹海行くかプロレス行くか迷ってた自動販売機の前に。ほんで、あの時の自分に話しかけたんですよ。樹海行って死なへんでよかったなあーつって。さんまさんにも会えたし、ダウンタウンさんにも会えたし、水ダウでドッキリかけられて北海道から沖縄まで沸かしたぞーつって。死なへんでよかったなあって話しかけました。生きててよかった。

まあ、ここからもね、つらいこともっといろいろ、いっぱいあると思うけど、絶対に意味があると思うんですねえ。苦しいこと、しんどいこと、ショックなことも。そのときはしんどいけどね。

その鬱のときじゃないんですけど、仕事なかったときに、萩本欽一さんの言葉で「ダメなときほど運がたまる」っていうのがあって、すごい救われましたね。大将はつらいときほど「運がたまった」って喜ぶらしいです。そんで「波に飲み込まれたときは何もするな」と。「もがいても溺れるだけや」と。「でも必ず返してくれる波が来るから、それを待っとけ」って。だからつらくても運もたまるし、死ななくていいんですよ。

LET

一日一善

採掘場で赤ちゃんの声が

山に埋められた話と被るからあんまゆうてないんですけど、別の不良達に狙われたことがあるんです。

同級生なんすよ。金貸してくれとか言われて、一緒にいじめられてた斎藤って奴と逃げまくってたんですよ。もう怖くて。

で、斎藤とぼく捕まって、夜中になんかの採掘場みたいなとこ連れてかれて、斎藤が砂利の小山の中に顔だけ出して埋められたんです。ほんで、砂利の小山がいっぱいあるんですけど、ショベルカーで1個1個小山をバーン!!って潰していくんすよ。不良、職業訓練校とかで習って重機使えるんです。斎藤が埋められてる小山の遠い方から順番に潰してって、だんだん近づいてく。

斎藤が「うわぁあああ!!」ゆうてるんですよ。「助けてくださあーい!!」って。

で、ぼくは「後ろで見とけ」って言われてて。「あいつが死んだ後、次お前やから」。で、バーン！　バーン！　つって。

ほんで最後に斎藤が埋められてるとこをバーン！　バーン！って縦に崩してって。その後ろにぼくが立って見てて。

最後、斎藤の顔のすぐ真横でショベルカー止まったんですよ。

そのとき、川の方から「おぎゃあ、おぎゃあ、おぎゃあ」って赤ちゃんの泣き声が聞こえたんです。

夜中2時くらいですからね。そこ、周りなんもないんですよ。ひたすら雑草生えてるだけの平地。隣が川で。物音ひとつせんところ。

ぼくはほんまに赤ちゃんおんのや思った。民家もないし、絶対いるわけないのに。

で、不良らもパーッて見に行くんですけど、真っ暗な川から、「おぎゃあおぎゃあ」って。ほいたら不良達、もう帰ろうかって言い出して、俺と斎藤置いて帰っていったんです。

帰った後、赤ちゃんの泣き声がしなくなったんですよ。

ほんで、気のせいかもしれないですけど、なんかうっすーらね、重機のライトの中にうっすら、赤ちゃん抱いてるような女性の影が見えたんですけど、それは気のせいかもしれないです。

その5人組の不良のリーダー格の奴が1人だけ青ざめてたんですけど、後で噂で聞いたら、はらまして流したあとやったんですよ。それで「もしや」と思ったのかもしれないですね。赤ちゃんに助けられましたねえ。

チャンス大城の人怖《ひとこわ》

人怖

足の匂いフェチのおっさん

２０２２年の３月まで土木作業のバイトしてたんですよ。そっからバイトせんで食えるようになったんです。

そこのバイト先長くて、８年前ぐらいかなあ、インスタグラムにＤＭが来たんですよ。「土木作業終わりの作業靴を匂わせてほしい。五千円あげるから」つって。で、わかりました、俺、明日どこどこのなになにいるんでって住所書いて、５時に終わるんで５時に来てくださいって返事したんです。

ほんで次の日働いて、５時に終わって、忘れてたんですよ、ぼく。で、ハイエース乗ろうとしたら、歯のない眼鏡の60くらいのおじさんが「おう」つって。きったなかったっすよ。汚れた作業着着てて。「え？　どなたですか？」「ああ、匂わしてー」。背筋凍ってもうて。そのおじさんの顔見たら怖なってもうて、

「すいません、ちょっと帰ります」つってハイエース乗って、「すいません、親方、もうハイエース出してください」「あれ連れちゃうんか？」「いや違います、お願いしますー」つって車出してもろて。後ろ振り返ったら、おじさんが「はあ!?」って顔でこっち見てて、こっわーと思いました。

その日帰って、風呂入って、飯食って、ぱっとインスタ開けたらＤＭ来てて「おまえ話ちゃうやないか」と。「おまえ、靴匂わせて５千円やって、俺５千円持ってきてたぞ」と。すいませんと。よう考えたら、俺芸人だと。こんな面白い状況にビビってどうすんねんと。

「わかりました、明日、同じところの現場なんで、また来てもらえますか？」「うんわかった、おまえ次こそ裏切んなよ」「わかりました。じゃあ明日よろしくお願いします」つって。

次の日もう覚悟はできてるんで、来てもビビらない。

それで親方に「ちょっと10分ぐらい待っててもらっていいっすか？」つって。おじさんに「あのー、どうぞ」「おうおう」「はい、靴、こちらです」「どうもありがとう」、スンスン、フーン。ほいたら「あれ、ちょっとちゃうなー」って言うんすよ。「2千円やなあ」って。「ちょっと待って、話違うんじゃないですか、5千円って約束したでしょ」。別に金にこだわってるわけじゃないんですけど、「約束したじゃないですか、5千円って。いまさら2千円はないでしょう、そのガイドラインみたいなのはないんですか」と。これが5千円の匂いとか、その判定ね。

「もともと約束したんですから、守るべきですよ」「いや、これは2千円。ちょっと嗅いでみろ」。ぼく、作業靴嗅いだんです。ほったらなんか2千円なんですね。あ、これ5千円無理。これで5千円は酷やわあ思うて。「あ、じゃあぼくもうお金いらないです」と。「これはぼくのミスです」と。なんか、5千円分の匂いを出せなかったプライドというか。

ほんでその方がですね、「俺な」つうて。「飛び込みでいろんな現場行くねん。ほんで、5千円で作業靴匂わしてくださいゆうても誰も相手にしてくれんねん。警察呼ぶぞとか言われたりしてな」「まあそらそうでしょうねえ」「まあ今日は匂わしてくれてありがとう」つって。「ほんまに払わんでいいんか」「いや、いいです」。

で、帰っていくんすけど、もう5時で西日がね、すごかったんですよ、ふわーって。すっげえ背中寂しいんですよ。もうね、えげつないくらい背中が寂しいんですよ。こんな寂しい背中あんのかっていうぐらい。

で、大声で「すいませぇーん！」って呼んだら、振り返ったんで、ぼく、「あのー、いつか、1万円分ぐらいの匂い出せるようになったら、匂ってもらっていいですか？」「楽しみにしてるわー」つって。

ちょっとこう、お互いナルシストでしたね。汚い絵面でしたけどね、2人。

酒怖

ぼく、今は酒やめてますけど、酔っ払ったら財布を川に投げるんですよ。で、自動車免許証、27回失くしてるんです。ほんで、府中の免許証更新のときに、個室に呼び出されまして。なんですか、つったら、「偽造でもやってるのか」って言われたんです。なんか、逮捕するぐらいのことゆうてくる。あなたほんま、話の内容次第では、ちょっと、踏み込ませてもらいますよって言われて。取り調べを受けまして。ぼくも青ざめて。

なんでそんな免許証失くすんや、偽造でなんかやってるのかって言われて、「ぼく、酔っ払ったら財布を川に投げるんですよ、『こんなんに縛られてるのかー！』と思って川に投げるんです。気い強うなってもうて」って。

パソコンで調べたら、ぼく、東京で3番目に免許証失くしてたんですよね。

ファイナリスト。いちばん東京で免許証失くしてる人、79歳で81回。1位です。「話によっては踏み込ませてもらう」って言われたんですよ。そのときむっちゃ怖かったですねー。

スクリーンに映っていたもの

２０２３年の話なんですけど、『電エースカオス』っていう映画に出してもらったんですよ。河崎実監督の特撮ヒーローもの。のやつ。で、清水紘治さんっていうベテラン俳優さんがムクリタ星人クースっていう宇宙人で、ぼくがシャンス星人っていう宇宙人で、クースとチャンス星人は、ＵＦＯで世界征服をしにきてるんですよ。

ほんで、清水さんとぼくのやりとりがあるんですけど、そのシーン、ぼくの台本が米粒かなんかくっついてたのかページが張り付いてて、完全に2ページ飛ばしてたんです。そこにぼくのセリフがブワーッとあって。ビックリしましたね。

映画って結構ぶつ切りに撮るじゃないですか、でもここは監督のこだわりで長回しで喋ってほしいんだと。ちょっと今から台詞、すぐ覚えてくれ、つって。

もうグッワーッつって読んだんですけど、何回やっても忘れてもうて「あー、もう1回お願いします。ほんと清水さん、すいません。スタッフの皆様すいません、もうもう」つって。

ほんで、なんとか撮り終えて。で、試写会で映画観たとき、なんか違和感を感じたんですよ。まあ気のせいやろと。ほんで初日舞台挨拶終わって、後からまた観たんですよ。

ほったら、あるシーンでぼくが台本を覚えてるところが映りこんでるんですよ。清水さんが喋ってる後ろの方でぼくが必死で台本読んでるんです。

監督にゆうたら、「あのー、話があるんだけど。ちょっと、黙っててもらえるかな?」つって。誰にも気づかれてないですから。スクリーンでも分からん、ぼくしか気づいてなかった。

怖かったっすね、これは。

後で監督に「特別な許可を得て、ちょっと喋らせていただいてよろしいですか?」「仕方ないね」つって。

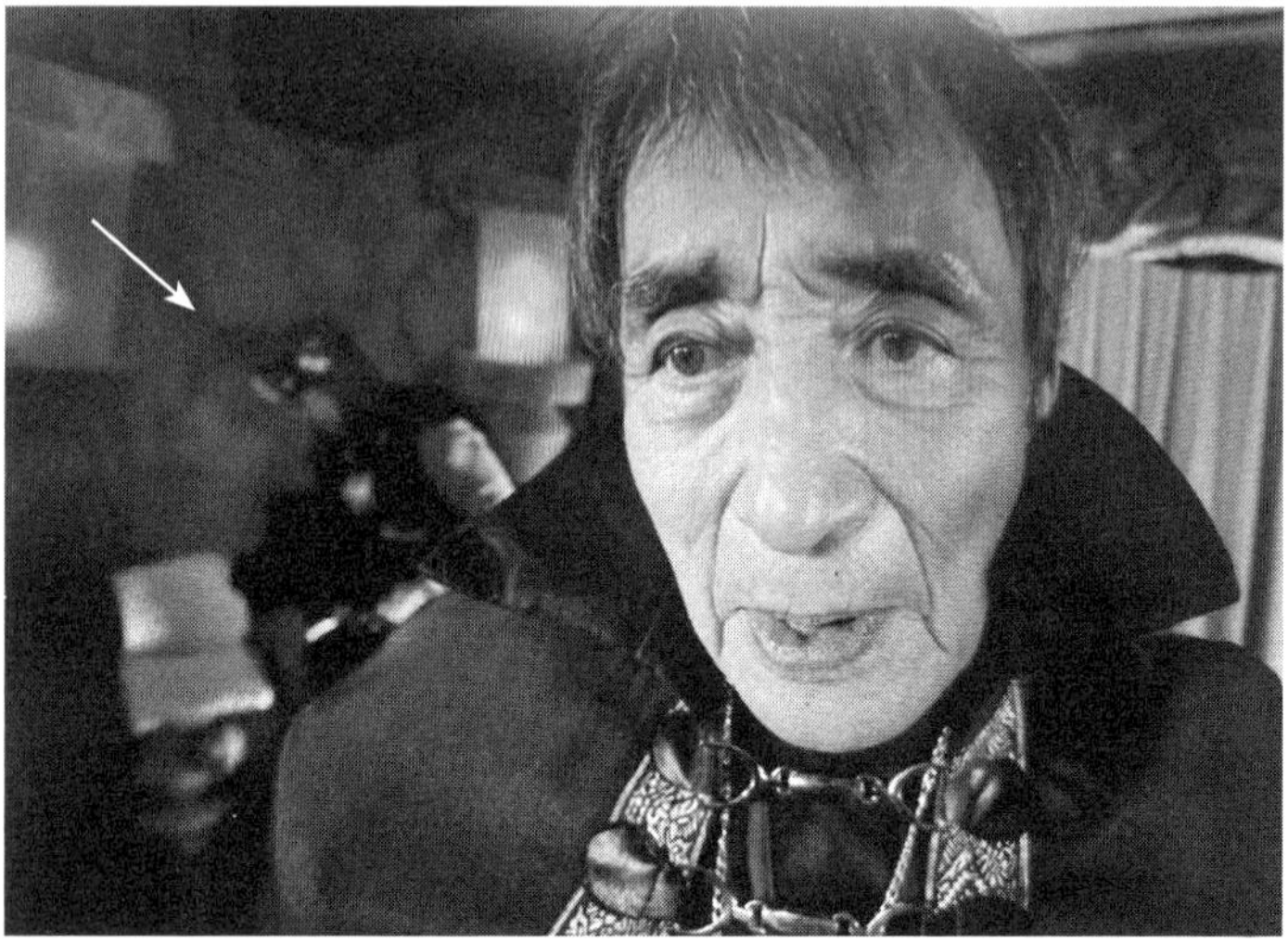

台本を必死で覚えるチャンス大城が後ろに。
「地球征服のための資料を読んでるのかと思った」と、まさかミスとは思わない人もいたそう。

監督：河崎実 ©リバートップ2023

和田に裏切られた話

　和田っていうのは高校の同級生でぼくと一緒にヤンキーにいじめられてた奴なんです。２人で山に埋められたりした奴。で、和田ってのはちょっとこう、軽く人を嵌める奴なんですよ。家泊まりに行っても、歯ブラシ貸したるわ、つって、あ、それおかんの歯ブラシや、とか。すぐ悪戯する。

　当時ぼく、暴走族の先輩がいて、思恋路と書いてオレンジっていうチームで、ゴリゴリのヤンキー車に乗ってるんですよ。ヤンキーって車いじってるじゃないですか。エアロパーツとか、羽つけたりとか。「思恋路」って、三文字のステッカー貼ってて。

　俺と和田が一緒に車の免許取ったら、その暴走族の先輩が和田と2人で2台、ヤンキー車を別の先輩に届けてくれ、って言ってきて。真夜中っすよ。車の免許取りたてやし、怖いんすよ。でもしょうがないから思恋路の車届けに行ったんです。

　ほったら、四車線の道路。思恋路って、当時銀の狼っていうチームと戦争中やったんですよ。見たら銀の狼が後ろから50台ぐらい来てる。こっちは「思恋路」ってステッカー貼ってる。「おい、思恋路がいるぞー!!　思恋路やーー!」つって。カラスマスクして鉄パイプ持ってるバイクと暴走車に囲まれて、そいつら先輩の車どついてるんですよ。

「これどうしようかなー」って思ってたら、和田が俺と並んで走ってたんですけど、ぱっと横見たら、なんか相槌うってきて、後ろ行ってローリングして、こう、ぼくを守ってくれてるんですよ。「あ、俺が止めてるから、おまえこの間に逃げろと。あいつ土壇場でええ奴なんやなー」思うて感動して。でも親友を置いて1人で逃げる俺もどうかなーと思ったんですよ。人間として汚いじゃないですか。和田を置いて1人で逃げるのか、どうしようーーーって悩んでたら、和田なにを思ったか、高速のぼりだしたんですよ。そしたら銀の狼、全部俺んとこ来るんすよ、ぶわーっと、ほんま全部俺（笑）。やっぱこいつって変わってないなーと思って。

で、ハザード焚いて土下座しよう思ったんですけど、尼崎北警察署ってのが近所にあったの思い出して。長い棒持って入り口で立ってる警察官通り越してガーッて警察署入っていったら、銀の狼の人らは「うわ、警察署に逃げよったー！」ってそのまま真っ直ぐ走り去ってね。ほっ。したら入り口に立ってる警官が「おいなんじゃおまえー！」つってね。車のドア開けた瞬間ぼくもう抱きついて「助けてくださいー、助けてくださいーーーー」。「じゃあおまえ来い！」つって、ほんで理由話して、犯罪性がないって許してもらえたんですけど、先輩の車、全部規制から外れてるパーツやって言われて、全部外されてノーマルにされまして。先輩に車、ノーマルで返したらブチギレられましたね。舐めてんのか殺すぞ、つってほんま怖かったです。ダブルでくらいましたからね、銀の狼にも、思恋路にも。よう生きてたなあ。ほんまによう生きてる。怖いわあー。

和田は後で「ごめーん」ゆうて。「いや、おまえも高速乗るかと思ってたー」つって。ほんま汚い奴。全部俺に行かした。絶対わざとです。

人怖

宗教潜入秘話

ぼく、一時期、宗教団体８つぐらい入ってたんですけど、あのへんからなんか呪われ出したんですよ。

人間ってなんなのかなあって考えてて、すごい宗教に興味を持って。

一時期、〇〇〇という宗教とかも行きました。

その頃毎月トークライブをしてたんですよ。そしたらもうネタがなくなってきて、あと2日しかなくて、一発逆転できるような、強烈なとこ行かなーと思って、〇〇〇や！　思て。行ったら、「〇〇〇はこの町から出ていけー」っていっぱい張り紙貼ってあって。

で、ピンポーン押したら、白装束の女の子出てきて、どうぞお入りくださいつって。入ったら地下室に降りていくんですけど、スピーカーがいっぱいあるんですよ。そこから「われわれわれわれわれわれわれ」って、教祖の声が流れてるんですよ。

で、女性が来て「どうして来られたんですか?」って言われて。明後日トークライブがあるって言えないじゃないですか。

嘘ついたんですよ、アドリブで。「夜中2時くらいに、Aさん(教祖の名前)が、生き霊が、ぼくの枕元に立ってて。毎晩現れて、なんかぼくに言うんすよ。で、気になって来ましたー」ゆうて。(豪快なことゆうてもうたなー)と思ったんですけど。ほったら一人の女性の方がどっか行ったと思ったら、3階が若手の宿舎なんですけど、ヘッドギアした人とか20人ぐらいドドドーって降りてきて。「教祖様の生き霊が枕元に来るっていう奴が来たー!」つって。五年に一度の大型新人が来た、みたいな。もうとにかく、とんでもないルーキー。「ぜひ、いてください。今日はお時間たっぷりいてくださいね」って、もうVIP待遇。

ほんでね、「○○○教は、病気とかなんでも治せますんで」つって。ぼくが「じゃあでもエイズは治せないですよねー」っったら「治せますよ」ってね、ビデオ観せられたんですよ。仮面ライダーが捕まって改造されるような感じでベッドに人が縛り付けられてて、教祖が「彼はエイズです」つって。エイズ菌って90度に沸騰さしたら消えるんですけど、この機械を使えば、エイズ菌90度に沸騰させても、彼は死なないんだと。ほんで、ガッチャーつったら、「うわぁぁぁー」ってその人が叫んで、「終わった」って。なんかぼくもう笑いそうになって唇大きく噛んで。ほんだら、次変わって、教祖が顕微鏡みたいな映像出して、「エイズ菌がいなくなった」つって。「彼は治りました」。で、カメラに向かって急に教祖が「〇〇〇教に入ろーーー！」「さようならー」つって。うーん、なんか（笑）。もうぼく我慢できんくて。唇、思いっきり歯で噛んだんで「大丈夫ですかー？」って言われて。「さすが、なんかすげえ奴だわー」って。

あと、短パン穿かされて、車座になって、竹刀で自分の太ももを叩いて、自分のこれまでの悪い行いを告白してくださいって言われて。自分で叩くんですよ。各自みんな、なんか言いながらパンパンパーン！って。ぼくもだから、「塾行かしてもろうたのに、定時制高校入ってもうた！」とか、「酔っ払って車に突っ込んでいった！」とか、これまでの情けないことをぶわーって言いながら、ぱん！ぱーん！　ぱあーん！って力いっぱい叩いたら、「やめてくださーい！」って。

もう太ももパンパンになるまで叩いてたんで。「さすが五年に一度の大型新人やー」って。

「むっちゃすごいっすね」つったら、「そういう言葉使うな」って言うんです。そういう、使っちゃあかん言葉表があるんですけど、「むっちゃ」って載ってて。他に「ラッキーじゃん」とか「ぽよんぽよん」とか、これいつ使うねんっていう。こういう言葉を使ったら、神が逃げていくって。そういう授業がありましたね。

今はもう宗教なんもやってないですけどね。

人怖

エゴサしたら

「チャンス大城」で検索したら、なんか、写真が出てきたんですよね。

ぼくが椅子に座ってて、眉間に皺寄せて、なんかこう、M-1グランプリの決勝ネタ直前みたいな、凛としたカッコいい顔してるんですよ。

「あ、なんか収録前かなあ」と。ほんで文章読んだら、「チャンス大城が風俗の待合室に座って緊張してます」って書かれてるんです。ぼく、ブチギレそうになって。

まあそれは真実なんですけど。

パシャーッ！　て撮られてた。

で、これやばい、どうしよーと思って。すぐ消してくれってメッセージ送ったほうがいいなと思ったら、誰かがリツイートしてて「こういうのって訴えられたら終わりだよ」って。ほんでそいつすぐ元ツイ消してるし。

いやや、ぼくはね、スクショがしたかったんですよ。スクショして千原兄弟さんのトークライブで流したろ思って。こいつなにすぐ消してんねや思って。

でもやっぱ人って怖いですよ。風俗の待合室で撮られるって。ぼく終わりやと。百歩譲って普通の顔だったらいいですよ。すげえストイックなカッコいい顔で座ってるんですよ。

ロボ怖

『２００１年宇宙の旅』とかロボ怖ですよね。まあそれとは関係ないんですけど。とある地方都市に泊りで営業行って、ビジネスホテルで、夜、スケベなの見てたんです、携帯で。ほんなら「サイボーグ風俗」っていうのがありまして。注文したんです。

「０００２号」っていう女性が来たんですよ。人間ですけど、ロボットっていう設定なんです。白のワイシャツと白のパンツで。無機質っぽくしてたのかもしれないですね。

「コンニチハ。２号デス」。最初ちょっと笑いそうになったんですけど、たぶんめちゃくちゃ教育されてるんですよ。プロ意識というか。素人ではできない。たぶん徹底的にそういう研修してるんやろなと。「あの、このへんの出身なんですか？」つったら、「私ハ工場デ作ラレタノデ、ソウイウ出身トカイウ概念ハナイデス」。

で、でっかいコントローラー持ってて、実際繋がってないんですけど、繋がってるっていう設定で、強く握るとか、弱くするとか、しゃがむとか、いろいろボタンに名前書いてて。関係ないんですけどね、実際繋がってないんで。ま、雰囲気もん。

「あ、ちょっと弱めでお願いします」。「わかりました。コレクライデドウデショウカ」とか喋ってたら、だんだん、なんていうんですかね、人恋しくなってきまして。ロボットの喋り方でずーっと喋られても、なんか、普通に喋りたいなー、どんな人なんやろう、とか興味も出てきて。「あのー普通に喋りませんか？」って言ったら、「フツウニ喋ルトイウ意味ガワカリマセン」。

しつこく聞いたら、普通に喋ったっていうことをSNSに書かれたりするからダメだと。オーナーが店の評判知るために、やっぱりエゴサーチしてるんですって。#０００２号と店の名前書いて「０００２号がロボットの話し方をやめて普通に喋ってくれて、やっぱ演じてるんだなあ」みたいにバラされたことあって、みんな知ってるとはいえ、オーナーに呼び出されて「それやめとけよ」と。「ナノデ、以前怒ラレテシマイ、私ハ、フツウニ喋ルノハダメデス」って。「いやぼく、SNSに書かないです」「ダメデス」「いや、ほんと書かないです。普通に喋りましょう。どういう人か知りたい」「ホントニ書カナイデスカ？」「書きません」「ホントウニデスカ？」「ほんとに書きません」。

ほったら、「わかりました。あのー、チャンス大城さんですよね！」「あ、はい」「最初から私気づいてて、私すっごい水ダウ好きで！　びっくりして（わあ、チャンス大城だ、すっげえー）と思って。でも平常心保たなあかんと思って、ずっと役を演じきってたんですけど、いやーほんとびっくり。水ダウで落とし穴落とされて8時間放置されたとき、なんか放送禁止いうシーンがあって、ネット上ではあまりにも喉が渇きすぎておしっこ飲んだいう噂が流れたんですけど、あれ本当なんですか？」「あ、おしっこ飲みました」「うっわ、すっげーーーー」つって（笑）。

で、「もう時間やー。次行かなくちゃ。ちょっとシャワーだけ浴びさせてください。次の現場行く前に」って急ぎ出して。ぼく、ギャグで、コントローラー持ち出して、彼女がシャワーしてるとこ行って「しゃがむ」っていうボタン押したんすよ。

そしたら向こうはシャワー浴びながら「いやもうええねん」みたいな。「もうそれ、終わったわ。いつの話やねん。だいぶ前半で終わってるわ。何をいまさら」って。切り替えがすごくて、それがロボ怖（笑）。

人怖

シンナー中毒のＴくん

尼崎の、高校のときに知り合った子で「シンナー中毒のＴくん」っていうあだ名の子がいたんですよ。みんな「シンＴ」とか略さないんですよ。みんなその子だけ「シンナー中毒のＴくん」ってフルネームで呼ぶんです。

高校のとき、ぼく、ヤンキーグループにいじめられてて、斎藤ってもう１人いじめられてた奴と一緒に「万引きしてこい」つって、色んな万引きをさせられてたんです。フルーツのメロン盗んでこいとか。

見張りがいて、みんな窓から見てて。それで、普通に盗もうとしたら、手で「バツ」ってされるんですよ。ほんででっかいメロンを、斎藤が非常階段のとこいて、ぼくがボウリングのようにこう投げたりしたら、「オッケー」つって。盗み方が面白くないとアカンのです。

ＭＣハマーみたいなズボン穿いてギター盗んだこともあります。番長に万引き用にもらったうんと太いズボン穿いて、足、最初から引きずりながら店に入ってって骨折したって店員に思わせといて、で、ズボンの片足にギターぐわーって入れて。

で、ある日、不良の溜まり場に呼び出されて——番長の家が溜まり場なんですよ。番長がジャンプとか読んでて、みんな煙草吸ったり、エロ本あったりファミコンあったり——番長が「お前たちの万引きは甘すぎる」つって。で、シンナー中毒のＴくんに「こいつらに万引きの見本を見せてやってくれ。こいつらの万引きは甘すぎる」って。

で、シンナー中毒のＴくんが「わかった」と。「ちょっとおまえら、待っとけ」と。どっか行ったんです。で、２時間くらいしたんすかね、家の前から「ホワーン、ホワーン」って音するんです。番長が「あいつ、すげえな。やりよった」と。

窓開けたら、シンナー中毒のＴくんが霊柩車盗んできてたんです。ホワーンってクラクションの音やったんですよ。ほんで「キャンプ行くぞー」って。ぼくと、そのとき一緒にいた和田が霊柩車乗せられて、和田が運転して。国道が、ヤンキー車、ヤンキー車、霊柩車っていう、すごい、なんか新しい三段オチみたいになって。

で、スーパーで肉とか買い物して、そのままピクニックセンターへ行って。みんなでバーベキューしてるところへヤンキー車バーッて入っていって、霊柩車が続いて。おばちゃんに「焼き場違うー!」って言われました。これほんとに言われたんですよ。

千原ジュニアさんには「嘘つけー」言われました、このセリフ。それはちょっとつけくわえただろう、怪しいなーゆうて。でもほんとに言われたんですよ、「焼き場違う」って。

シンナー中毒のTくんは異彩なキャラでしたね。いつもシンナーを袋に入れて長袖んとこに隠して吸ってるんですよ。尼崎の、あの当時の不良って、そういう人がいっぱいおったんですけど、東京来て1人も見なかったっすね。それに衝撃を受けました。

人怖

インたけが噛まないとき

インたけ（地下芸人のインタレスティングたけし）は吃音なんですよ。噛みまくるんですよ。電話でも「あ、チャチャチャチャチャチャンスさん」つって。水ダウ出て大問題になったんですよ、吃音協会からクレームきて。他の吃音の人がインたけがテレビ出たら悲しむ、つって。でもインたけがテレビ出て「俺も吃音やけど勇気づけられる」っていう人もいっぱいいいて。

ほんで、インたけって歌ったら噛まないんですよ。

前にぼくとインたけ、千原せいじさんの居酒屋で働いてまして。ぼくとインたけだけの日があったんですよ。で、せいじさん、オーナーなんで「おまえら2人だけって大丈夫なんかー」って心配で見にきて。ほんで、インたけが「い、いいい、いら、いら、いらっしゃいませー」ってやってたら、せいじさんが「インたけ歌ったら噛まへんから、歌うふうに接客しろ」つったんですよ。

そのとき作業服着た強面のお客さんが2人来て、インたけが「いらっしゃいませぇ〜♪　おふたり、さまですか〜♪　こちらの、席にぃ、どお〜ぞ〜♪　お煙草は〜お吸いに〜なーらーれ、ま、す、かぁ〜♪　灰皿〜こちらに〜ひとつでよろしいですか〜♪」ほんだら、向こうの人「おまえ舐めてんのかー、殺すぞー！」って。芸人の店って知らんくて。「おちょくっとんのかコラァ！」ゆうて。「ここは、千原せいじさんの居酒屋で」っていちいち説明して。あ、芸人さんがね、つって。

で、インたけがですね、歌ってるときだけ噛まないっていう説があるんですけど、恐怖に追い込まれたら噛まないっていう説もありまして。

インたけと歌舞伎町歩いてたら前からいかつい人が歩いてきて、インたけが「大城さん、ちょっとここ右に曲がりましょう」つって。「え？　おまえいま噛んでなかったよなあー」って。恐怖を感じたときには噛まないっていう。追い込まれたら噛まないっていうシーンがけっこうあったんですよ。

インたけとぼく、新宿の二丁目に知り合いのママがいるんです。オネエ系の、ゲイの方なんですけど、いつもお世話になってて。インたけ、けっこう酒癖悪いんですね。ある日その店で暴れ倒してて、それでママが「ちょっとこいつ、1回外で介抱しに行ってあげてくれ」って。で、新宿二丁目の有名な公園があるんですよ、出会いの場になってる。

そこでインたけをベンチに寝さしたんですよ。で、ぼく、トイレ行ってくるわーつうて、公衆便所でちょっと寝てしまったんすよ。パッと起きたら、「あ、そうや、インたけベンチで寝さしたままやー」思い出して。で、こう、お尻を拭いてね、あ、そんな描写はいらんか、流してね、で、手洗ってバーッて出ていったら、ベンチで寝てるインたけのとこに、おじいさんがいて、インたけの大切な部分を舐めてたんですよ。ホームレスとかじゃなくて、普通のゲイのおじいちゃん。で、これは人間として止めに行ったほうがいいのか、芸人として見とくべきなのか、どっちなんだろうと。これエピソードトークなるなあとね。人間VS芸人って迷ってる感じになって。人間、芸人、人間、芸人。どっちを……?

ちょっと芸人として見とこうと思って。見てたら、インたけが、もう佳境のときですかねえ、おじいさんがもう、ヘビメタのバンドの客みたいに、ヘッドバンし出して。インたけが「ああー！　ああー！　ああー！　ああー！」って起きたんですよ。「ああーーー！」つってパッと起きて、「じじぃじゃねえかよ！」って突っ込んだんすよ。

　インたけが噛んでない。インたけ噛まへんのや思うて。はっきり聞こえたんです。いつもなら「じじじじじじじじ、じじぃじゃ、ねねねえかよ」なのに「じじぃじゃねえかよ！」。

　ほったらおじいさんがですね、ペッ！　つってザーメン吐いて、「じゃあな」ゆうて去っていったんです。

　インたけは、後で聞いたら、チャンスさんが新宿二丁目にあった風俗に連れてってくれた夢みてたと。あー気持ちいいなあー、気持ちいいなあーと夢と現実の狭間というか。あー、あー、あっあっあっあっ、イクわ、イク、アッと見たらじじぃだったらしくて。「じじぃじゃねえかよー！　おまえ！」つってて。噛まなかったんですよね。

尾崎豊伝説・松田優作伝説

ぼく、前に平和台ってとこ住んでたんですけど、ぼくのアパートの裏が練馬東中学、尾崎豊さんの出身中学なんですよ。

ある日、平和台の駅出て交差点のところで女性2人に声かけられたんです。ぼくあの辺住んでるってけっこう有名なんですよ。ロケで映ったりしてるから、チャンス大城がこの辺住んでるって。

「あ、大城さん、噂には聞いてたんですけど、やっぱこの辺住んでるんですねー」って声かけられて。「大城さん、このビルの3階のスナック行きません？」って誘われたんです。で、ぼく次の日休みやったんで、普段やったら断るんですけど、暇やし、いいですよーつって行ったんですよ。ほたら、そこのマスターの人が尾崎豊さんの1個下で「尾崎さんにはぼく、中学のときからすげえ可愛がってもらいまして」つって。「あーそうなんですねー。あ、じゃあ俺、あとで、尾崎豊さんの歌歌うかなあ。歌える曲あったかなー」とか喋ってたんです。

で、声かけてきた女の人がトイレ行ったんです。ほいたら、女の人２人の隣におじさんがいて、ぼくに話しかけてきた。「『水曜日のダウンタウン』好きでな」「ああ、ありがとうございますー」「こないだあれにも出てたやろ」「あ、ありがとうございますー」ちょこちょこ喋ってて。「俺も尾崎とな、同級生なんやー。もう小学校から一緒。あいつ変わった奴でなあ、まあいろいろあったんやろー」「ああそうなんすかー」。そしたら、そのおじさんが「俺な」「はい」「教えとこう」「はい」「俺、尾崎豊にな、バイク盗まれたことあんねん」って。「あなただったんですかー!すっげえー!!」つって。「あの歌詞の方ですか」「おーまあまあ、そうなるかなー」つって。

その日はそれで終わって、ほんで、また行ったんですよ、そこのスナックに。で、マスターに「あの誰々さんって尾崎豊さんにバイク盗まれたんすよね」「いや、あのね、ぼくも見たわけじゃないからなんとも言えないけど、ぼくらの世代って、尾崎豊さんにバイク盗まれたっていう人たち、20人ぐらいいるんだよなー。誰が真実を言ってるのか分かんないんだよ、ここまできたら」「あ、じゃあ嘘ついてる」「でも、なかには、ほんとに真実を言ってる人はいるかもしれないね」って言ってました。

それで思い出したけど、『レディ・ジェーン』っていうバーがあってね、そこには松田優作さんの最後のボトルっていうのがあって。それはもう大事にガラスケースに保存されてたんです。

で、近所の大山っていうところにあるバーにぼく、昔連れてってもらったんですけど、そこにもあったんですよ、「松田優作最後のボトル」つってウィスキーボトルが。

ぼく、そのバーで松田優作さんについて熱く語ったんです。「『野獣死すべし』の拳銃を向けるシーン、3分ぐらい瞬き1回もしないんですよ。あそこのシーンすごいですよね」とか「『家族ゲーム』も観ましたよー。ハードボイルドだけじゃなくてね、普通の家庭教師役。宮川一朗太さんとの掛け合い、最高でした。ほんとにいい役者です」とか、ずっと喋ってたら、そこのママさんが、「1杯だけ飲ましたるかー」つって。松田優作最後のボトル。2000円やったかな、ストレートで。「売れない芸人やってるんだろ。おまえそんだけ松田優作のこと好きやったら、たぶん優作さんもさ、おまえに飲んでほしいと思うよ」つって「ポーン」って栓抜いて。俺もちょっと酔ってたんで、感極まって「ウウー（涙）」って。

で、なんかぼく、サインペンで線引いたんですよ、ラストのところ、ウィスキーのボトルに。「ウワー、ありがとうございます。すみません」つって帰ったんですけどね。で、また、何日かして行ったら、明らかに量増えてましたね。ぼくが引いた線より。

だから怖いなあーって思いました。

人怖

500円のぞき

20か21歳の頃、西成の映画館でバイトしてたときの話です。

映画館の手前にアパートがあるんですよ。そのアパートにでっかい看板があって、「のぞき　500円」って黒スプレーで書いてるんですよ。たぶん勝手に出してるインディーズ系の風俗ですかね。

バイトまでに時間あったんで入ったら、アパートの1階に作業着着た45歳ぐらいの角刈りの人がいて「500円」って言われて、2階あがれって。で、上あがって行ったら、窓があって、その向こうに布団ひいてあって、70代中盤ぐらいですかね、おばあちゃんが素っ裸で布団の上で股ひろげてたんですよ。

まあまあ500円やし、ぜんぜんいいかと。まあまあ、あの、勉強させていただきましたと。

それが、枕元に焼酎とかビールとか置いてて、こっち見て「おい」つったの。めちゃくちゃ目合うんですよ。あれ、マジックミラーちゃうんかなあと思ったら、よく見たらサランラップなってて。あ、俺は勝手に向こうから見えへんと思ってたんだけど、見えてたんや、あれーと思ったら、「このあと1万円でどうやー」って言われて。「あ、いえ、すいません帰らせていただきますー」つったら、なんかもう酔っ払ってる感じなんですよ、「おい、ちょっとそこで待っとけ」つって、カッカッカッーって出てきて。

俺の横まで来て、「おい、冷やかしやったら来んなゴルァ！」って。「たった500円でなあ、帰ろうとすんなよ」つって膝でガコーン！ってムエタイ選手みたいに肋骨蹴り入れられて。

もう、Tシャツをガーッて取られて「舐めてんのか、コラァ！　殺すぞコラァ！」

そしたら1階にいた作業着の男の人がガーッ上がってきて、「すいません、助けてください」ゆうたら、その男の人がそのおばあちゃん後ろからバーッて羽交い締めにして

「やめろー、おかん」

つったの。おかん。親子でなんちゅう仕事してんのや。めちゃくちゃ怖かったっす。

人怖

ヤクザに恋されピストル危機一髪

西成の映画館で売店のバイトしてたときの話です。

毎回原チャリで来る、ゴリゴリに剃りこみ入れたパンチパーマで、トラサルディ上下に金のネックレスしたヤクザの常連がいたんですよ。55歳ぐらいの。いつも7時くらいに来て、券売機で入場料払って、映画観ないんすよ。さきいかとワンカップ頼んで、バー代わりに使ってるんすよ、売店を。ぼくと喋りに来てるんすよ。「にいちゃんと喋ったら面白い」つって。5～6杯飲んで。で、結構酔って、ほな帰るわーゆうて。ゴリッゴリ飲酒運転で帰るんですよ。原チャリでウィーンつって。

ほんで、ある日、ピンクのハイヒール履いてるんすよ。ゴリッゴリのヤクザやのに。服はトラサルディ、もうヤクザの服っすよ、それに足だけハイヒール。カチッカチッカチッつって。

ぼく、そのとき芸人の活動はしてなかったんです。2回目に入った吉本も挫折して、もう東京行って俳優でもやろうかなーとか考えてて、まあフリーターやったんです。で、そのヤクザに、「今、芸人活動休止してるんです」って話した後やったんで、俺のリハビリのためにボケてくれたんかと思って。「いやいや、なんでハイヒール履いてんねん!」って、キレのいいツッコミをしたんですよ。NON STYLEの井上くんぐらいの。ほんだら「いや、大城くん、そんなんちゃうねん。俺こっちやねん」って言うんです。「俺、あの実は、大城くんのことむちゃくちゃ好きで、あのー、狙ってるというか。明日、デートしようでー。通天閣の下に12時に来てくれる?」「あれ、いやー、ちょっとすいません」「まあ、今日のとこは帰るわー。じゃあ明日ね、12時ねー」「いや、ちょっと待ってください」。話も聞かんと帰っていったんですよ。

ほんで、行かんかったんすね。ゆうても、まだボケかなあと思って。

ほんだら後で原チャリで来て、結構目血走ってて、「オイ、おまえなんで来んかったんやー!」つって。

そのとき入って2日目のバイトの男の子が一緒にいて。すぐ辞めるんすよ、その映画館、みんな怖くて。で、「どうせおにいちゃんも辞めるやろー」「いやぼく辞めませんよー」みたいな話してたところで。

「なんで来んかった!」「すんませんでした」「ちょっとおまえ、俺を見送れやー」ゆうて。で、バイトの男の子に「ちょっと外行ってくるわー」つって。「すいませんでした、なんかー」「ああ」って、目の前停めてある原チャリのとこ行って、で、メットインあげて、ヘルメットかぶって、中覗けって言うんすよ。ほんだらピストルが入ってるんですよ。あのね、素人目からしても、本物ってわかるんです。で、それをTシャツの中に入れてぼくに突きつけて、「ちょっとついてこい」って言うんすよ。ほんでぼく、両手をあげたんです。「ちょっと、それやめましょう」「本物やぞー」「ほんまやめましょう」。

ほんで、ピストル、Tシャツの中に入れてぼくに突きつけたまま、大学生に「おい、にいちゃん、ちょっとの時間借りていくぞ」つって。ほんだらぼくが手あげてるから、バイバイしてると思って「大城さーん、すぐ帰ってきてくださいよー」って向こうも手ふってるんす。いや俺、手ふってるわけちゃうねーん。

ほったら、近所の公園連れていくんすよ。で、男子便所入れーつって。大するところ。で、ガチャッて鍵閉めて。「脱げコラァ」って、上半身脱がされて、「すいません、ほんまにお願いします、やめましょう」「下も脱げゴルァ」「ほんまに、ほんま、勘弁してください」つって。ピストル突きつけながら、ぼくの乳首を舐めてきたんです。「いや、ほんま、やめましょう、ほんま、勘弁してくださ い」。ほいで、ぼくの下も舐めてきたんですよ。ピストル突きつけて。「なんでおまえ、勃ってないねん」。ピストル突きつけられてる、ヤクザ、おっさん……勃つ要素がないんですよね。無理。「なんだよー、ほんま、こいつはー」つって。「おい、おい、もう我慢できへん!」、ぼく、あ、人生で初めて掘られると思ったんですよ。うっわぁ、きついなあー。俺これはきついなあー、と思って。「もうやめてください、それだけは勘弁してください。それだけは! 絶対に! 勘弁してください!」つったら、「アホかゴルァ!」って、壁に手ついて、ピストルこっちに突きつけて、「はよ入れろー!」。

ネコやったんかーい!ってビックリしました。

ゆうても入らへんすよ、そんな。ぼく、映画館でスタンガンと警棒支給されてるんですけど、もう俺ここで人生終わるか思いながら、スタンガン、そのおじさんの足に、勇気出してバリバリバリバリバリバリバリつったら、ヤクザがズルズルズル～と下の方へ倒れてって。

速攻で逃げて、すぐ映画館戻って、部長が上に住んでるんで、部長呼んで、「ちょっとやばいっす。やばいことが起こってるんです」って事情話して。ほんだら部長、「話はわかった。大城くんは今日帰っていい」つって。精神的なダメージを受けたんで。

そこのヤクザって、リアカーで毎年お花を売りに来るんですよ。ほんで、お花買って何十万か払わなダメなんですよ。どういうことかつったら、守ってあげますよってことなんですよ。そのかわりお花代払わんかったら、どうなるかわかりませんよっていう。暗黙の了解。

部長、「どうしようかなー」つって。とりあえず1週間休めって言われたんすよ。で、休んで、復帰したら、そっからそのヤクザ来なかったんです。

ほんで、ある日昼間、西成歩いてたら、そのヤクザがパチンコ屋から出てきたんです。ぼくの顔見てキレるかなあと思ったんすよ。「おまえゴルァ、俺にスタンガン撃って逃げてゴルァ!!」って言われるかと思ったら、ぼくの顔見て「おう」つったんですよ。ほんでぼくも「いろいろありましたけど、すいません、またあの今後もよろしくお願いします」って。

たぶん、外に漏れたらイヤというか、ダメなんじゃないですかね。ゴリゴリのヤクザやから。組長に知れたら、おまえカタギの若い奴相手に何しとるんじゃって。

まあパチンコ勝って機嫌よかったのかもわからないっすね。

ピストル突きつけられたときは終わったと思ったっす。

人怖

壁が崩れるとき

西成ってすごいやっぱりスラム街だからねえ。ぼくが働いてた映画館が、お客さん、日雇い労働者しかいないんですよ。家がなくて、みなさま、宿代わりに使ってる。５００円で朝までおれるんで。

ぼくはポップコーンとか売る売店スタッフだったんですけど、初日に防刃チョッキとスタンガンと警棒持たされて、なんか危険な場所らしい、みたいな。で、働いて1年半ぐらい経って、なんとなくもう状況がわかってきた頃。ある日１５０センチぐらいの、作業服着たおっちゃんが2人喧嘩になって。日本酒を、おまえにはいつも奢るけど、おまえは俺に奢ってくれへんと揉み合いになってて。「喧嘩するんやったら外で喧嘩して」つって、追い出したんですよ、２人を。ほんで、入って2日目の大学生の男の子が一緒にいたんで、「喧嘩なったときは、こうやって追い出すんやで」「わかりましたー」って話してたら、その大学生が「きゃああああああーーーー」って叫んだんです。「え、どないしたん？」って振り返ったら、ぼくも「ぎゃああああああーーーー」。その2人のうち1人が、包丁で相手の首をガンガン刺してるんですよ。血がダッラーーー流れてて。

ほれでもう必死で止めたら、刺した方が逃げたんですよ。

で、身長がまたさらに低いおじさんが出てきて「110番しろー！」ゆうて。ロビーのさきいかとかジュースとか売ってる台の上に電話があって。もう119に電話したらいいのか110に電話したらいいのか、テンパってもうて押せないんですよ。ほんだら、その140センチぐらいのおっさんが、ぼくの両手を持って、1、1、0って誘導してくれるんですけど、手が震えて。いや、おまえが押せよーって思って。俺の両手を持って移動させせんでええねん、みたいな。

ほんで、すぐ来たんですよ、パトカー。で、パトカーにもう、犯人すぐ捕まってて乗せられてたんです。で、15人ぐらい、警察が壁になってるんですけど、肩と肩の間からパトカーを見て、パトカーに乗ってる容疑者を、刺した本人か確認してくれって言うんですよ。なんで壁になるかっていうのは、向こうからこっちの顔見せないようにするため。それは、法律であるんですよ。

　大学生の子は「間違いありません。あの男が包丁で刺しました」つって。で、次ぼくも見てくれって。肩と肩との間から見たら、興奮してもうて、大声で「あいつです！」「あいつがやった！　刑事さーーーん！」つったら、あの、ぼくに１、１、０って誘導した１４０センチぐらいのおっさんが「うるさいぞ」と。「黙っとけ」つってぼくの口を手でふさいできたんですよ。そのときのそのおっさんの手が、むちゃくちゃ臭かった。今まで嗅いだことない、１位。もうね、ドブ川とかいう次元じゃないです。なにしたらこんな臭なるのか。臭さの集大成。「くっさぁーーーーー！」つったら壁になってる警察が「声うるさいよ」と。「ちょっと黙って。なに騒いどんねん」つって。で、壁になってる警察に「あの、この手を匂ってください」って言って、嗅ぎにきた警官に１４０センチのおっさんの手を持って匂わしたんですよ。そしたら警官が「うわあーーーーーーー」つって、１人ずつ倒れていくの。「うわあー」「うわあー」。

　それが壁が崩れるときっていうお話。あれはすごかったですね。

人怖

永野さんとぼく

15年ぐらい前かなあ、永野さんと、もう何組かでライブ、よく一緒になってたんですよ。高円寺のでっかい体育館みたいなとことかで。もう、お客さんがまったくいなくて。で、高円寺はお客さん2人やったかな。永野さんもまだ誰にも発見されてなくて。で、永野さんが、B'zに火星から指示を送る人っていうネタをやってたんですよ。そんとき、すげえなこの人、と思って。この人、なんていう名前なんだろうと思って、そのときから仲良くなって。

で、ライブ終わりに、新宿の今はなきコマ劇場のとこで、お金がなかったんで路上で缶ビール飲んで。今のトー横キッズのはしり、みたいな。あれ、ぼくらが最初なんすよ。「トー横キッズ一期生」って呼んでます。ぼくと永野さん。

で、永野さんと、誰にも発見されへんから、もう死のうってなって。肝臓痛めて死のうつって。焼酎ストレートで飲んで、ひたすら肝臓痛める。

ぼく達、ペットボトルに焼酎入れて胸ポケットに入れてたんです。で、ある日ピカソ展かなんか観に行って、その帰り、つまみ代なかったんで、デパ地下行って試食もらって食べて、ほんで胸ポケットの焼酎をこそっとグビッと飲むというのをやって。3〜4周して、ほんでまた場所変えて。いろんなところ行きましたねえ。で、べろんべろんになって。まあそんなケチくさいことずーっとやってましたよ。ほんとお金なかったんで。

ほんで、だんだん永野さんがちょっとだけ注目されだしたんですよね。ラッセンのまだ前かなあ。ほんでぼく、永野さんに、もう酒やめろつったんですよ。死ぬのは俺1人でいい。俺もう1人で飲むから、つって。ほんで永野さんは、もう前みたいに飲まんようなったんです。

ある日、永野さんとぼくと、お笑いコンビ・Tさんのネタ番組が朝5時半ぐらいにあって。Tさんのスケジュールがどうしても朝しか空いてないつって。

ぼく、その前の日に居酒屋でバイト先のやつと飲んでて、そのまま寝てしまって。俺明日早いからつったのに飲んじゃって。ぱっと起きたらもう朝4時半。慌ててタクシー飛ばして行ったんすよ。上半身裸で音鳴らすっていうだけのネタなんで、もう家に衣装取りに帰らんと、ズボンだけで充分や－ゆうて、行ったらもうTさん、カンカンに怒ってて。「お前もう、すぐ撮影や－！」ゆうて。ほんで、次はチャンス大城です、つって、パーッて上半身裸なったら、女性器のマークと女性器の3文字がでっかくぼくの上半身にサインペンで書いてあったんです。

バイト先のやつが俺が居酒屋で寝てる間にいたずらしてたんです。もう、会場、スタジオ、「ギャ－－－－－!!」でしたね。

関東ローカルでしたけどテレビの地上波ですからね。「すぐ服着ろ－!!」ゆうて、プロデューサーの人にブチギレられました。

Tさんはひいてましたね。「なんやこいつ」ゆう顔してました。

永野さんがそのときぼくのことをすごい奴やって思ったらしいです。わざとやったと思ったみたいで。

その後に永野さんラッセンで売れ出して。もうぼくは永野さんに完全にお酒やめろつって、で、その後もまだ自分は飲み続けましたね。

SMイベントで「すべらない話」を頼まれて

作業靴の話（114ページ参照）を、去年友達の女の子にしたんですよ。その子、元々普通のお笑いファンのOLさんだったんですけど、SMに目覚めて、どんどん変態になっていって、もう普通のエッチじゃ興奮せえへんっていうのに気づいて。自分と同じ、相手を蹴らな興奮せえへんとか、首絞めな興奮せえへんっていう人達を調べてたら、結構仲間が増えていって。ほんでそういうの求めてるドMの人とかS女とかと一緒にイベントしてたんです。

ほんでぼく、その子と飲みに行って作業靴の話したら、「大城さん、今度イベントでそのまま話してもらえますか。足の匂いフェチとかもけっこういて」と。

歌舞伎町で、SM嬢10人とドMの人20人のイベントがあって、そこで「チャンス大城、漫談」つって。ドMの人20人が蹴られたり、電気あんまかけられるイベントでぼく、ネタやったんです。

ドMの男、全員パンツいっちょなんですよ。で、スタンプラリーみたいなの持ってて、10人の女の人に、1人ずつリクエストを聞いてもらえるんです。たとえば首絞められんと興奮せえへんっていう人は首絞めてもらうとか。

イベントの場所は、真ん中にちっちゃーいプロレスのリングがあるプロレス居酒屋やったんですけど、ぼく、着替えるとこないって言われたんです。S女が全部使ってるから楽屋がない、「大城さん大変申し訳ない、そのへんで着替えてもらっていいですか」と。ほんで着替えてたら、目の前で60歳ぐらいのガタイのいいお父さんがS女に首絞められてるんですよ。クワァッ、クワァッゆうて。「この野郎〜!」「クワァッ、クワァッ」って。ぼく、死ぬんじゃないかと思って、「あ、すいません、ちょっと」って止めに入ったんです。一応ね、ぼくが目の前におって死なれて、後でチャンス大城もいたってなったらヤバイ思て。ほいたらむちゃくちゃキレられて。「今いいとこだったんですー!!」つって。あ、そうか、気持ちいいんやと。

電気あんまじゃないと興奮せえへんって、電気あんまされてる人がいたり。

「あっ、キックお願いします～」って人がいたり。ほんでシールみたいのをＳ女が渡すんで、もらって貼らないかんのですよ。「ひとみちゃん終了しました」とかわかるように。

その合間にぼくのネタを聞く時間があって、Ｓ女とドＭの人達と主催者の人達が聞いてるんですけど、その靴の話とか色んな話したら、むちゃくちゃウケたんです。

次にクイズ大会あって、またプレイタイム。見たら、ちっちゃいリングの上で、ぼくの友達の主催者の子とＳ女２人が、１人の男を蹴りまくってるんですよ。男が「いったあーーーー!」って。いつもはすごい温和な子が、もうガーッって。結構ほんまに入れてるんすよ。ぼく、大丈夫かー!?って。バチバチにどついてましたから。男は３人にどつき回されて、それ楽しいんかなあー、何が面白いんだろうって。痛いだけですよね。

で、終わって打ち上げやーゆうて。

打ち上げで、電気あんまやられてたドＭの人と喋ったら、学校の先生やったんです。「普段はぼく、高校の教師やってまして」「あ、そうなんですかー」「これ生徒にバレたらまずいっす」「そうですよねー」つって。で、娘が2人いるっつって。ぼくは電気あんまにしか興味がないと。電気あんま以外、興奮しないって言うんですよ。「でも娘2人ってどうやって産んだんですか?」「そこなんです、大城さん。ぼく、ずっと隠してたんですよ。ほんで、ある日、奥さんに、ちょっと、なんで元気ないのって言われて、俺、土下座して電気あんまじゃないと興奮しないんだよと。子作りどうすんのよって言われて、じゃあ電気あんまで、ずーっとこすって、俺がイキそうなとき手を上げるから、そのとき上から、こう、はめてくれって言って。で、わかった、つって。『あー、あああー』つったら奥さんが上からパカンと」。それで娘が2人生まれたって。で、そのことを娘には死んでも言えないって言ってましたね。電気あんまで生まれた子やってのは。

その打ち上げでぼく、山に埋められた話したんです。オチゆうたらドッカーンウケたんですよ。そしたら1人「あ、痛い痛い痛い痛い!」って叫ぶんです。「え、どうしたの」って聞いたら、この人あばら折れてるって。3人でどつかれるやつしたらヒビ入って。「これが今、たまらないんです」って。「俺ねー、あ、いてて て、これがほんと興奮するんだ」「あぁそうなんですか」「俺、いてててて、大城くんのすべらない話で、むちゃくちゃ痛かった」。笑ったら痛いんですって。

で、そのドMがS女に提案があると。「今から大城くんにすべらない話をしてもらう。それで大爆笑したら俺はもうあばらに激痛がする。オチゆうてドッカーン、いたたたー!!って瞬間に、君ね、俺の股間を思いっきり蹴り上げてくれ」って。ドッカーン↓いたたたー↓キック。これを俺は頼む！　つって。

で、もう、世紀の一瞬。そのあばらにヒビの人は思いっきり股広げて待ってる。みんな静まり返って大注目。S女、もう蹴る準備してるんですよ。いつでも蹴れる体勢で。

「じゃあ大城さんどうぞー」。で、ぼくが「えーこないだなんですけどもー」って話し始めて、みんなじっと聞いてるんすよ。ほんで、何々だったんですよーってオチゆうたら、みんな「………」。S女の人が「あのー……、え、蹴っていいんすか」。

ぼくすべってもうたんです。

ドMが「なにすべってるんですかぁー!!　すべらないでくださいよぉー!!」って。もう、みんな「どのタイミングですべってんねん」ゆうて。

でも人間ちゅうのは色々おんねんなあーって思いましたね。

ぼくにとってこの世で一番怖いこと

さんざん怖い体験をしましたが、先日のＲ－１グランプリの準決勝が今まで生きてきた中でいちばん怖かったです。

めっちゃ怖かったー。準決勝の会場、めっちゃ幽霊いっぱいおったもん。みんなの念が楽屋にグワーッて。絶対決勝行ったるねんってバッチバチ。念というか生き霊というか。

ぼく芸歴長いですけど、いちばん耐えられなかった、緊張した。もうあと一歩で決勝や、思うたらゲー吐きそうで。だって、出場者５５１１人で決勝進出９人やから５５１１分の９ですよ。えげつなくないですか。

やっぱ自分の人生が深く関わってるっていう怖さでしょうね。ここで行くと行かんじゃ人生変わってきますからね。優勝する、せえへんというより、決勝行く行かへんの方がほんと大事で。決勝さえ行ってしまったら、もうファイナリストですから。永遠に。優勝はどうでもええことはないですけど、決勝出たっていう事実、こっちがでかいんですよねえ。だから準決勝が一番緊張しました。

………でも、でも……いちばんぼくにとって怖かったのは、ぼく、１年８カ月、結婚を前提に片思いしてる女性がいるんですけど、その人に「決勝に行ったら一緒に映画観にいってくれる?」っていうＬＩＮＥしたら、返事が返ってこなかったことなんですよね……。どんな恐ろしい体験より、ほんとに常にぼくを怖がらすのは、好きな人からＬＩＮＥが返ってこないっていうのが………。……決勝にいっても映画に行けないんですよね……。

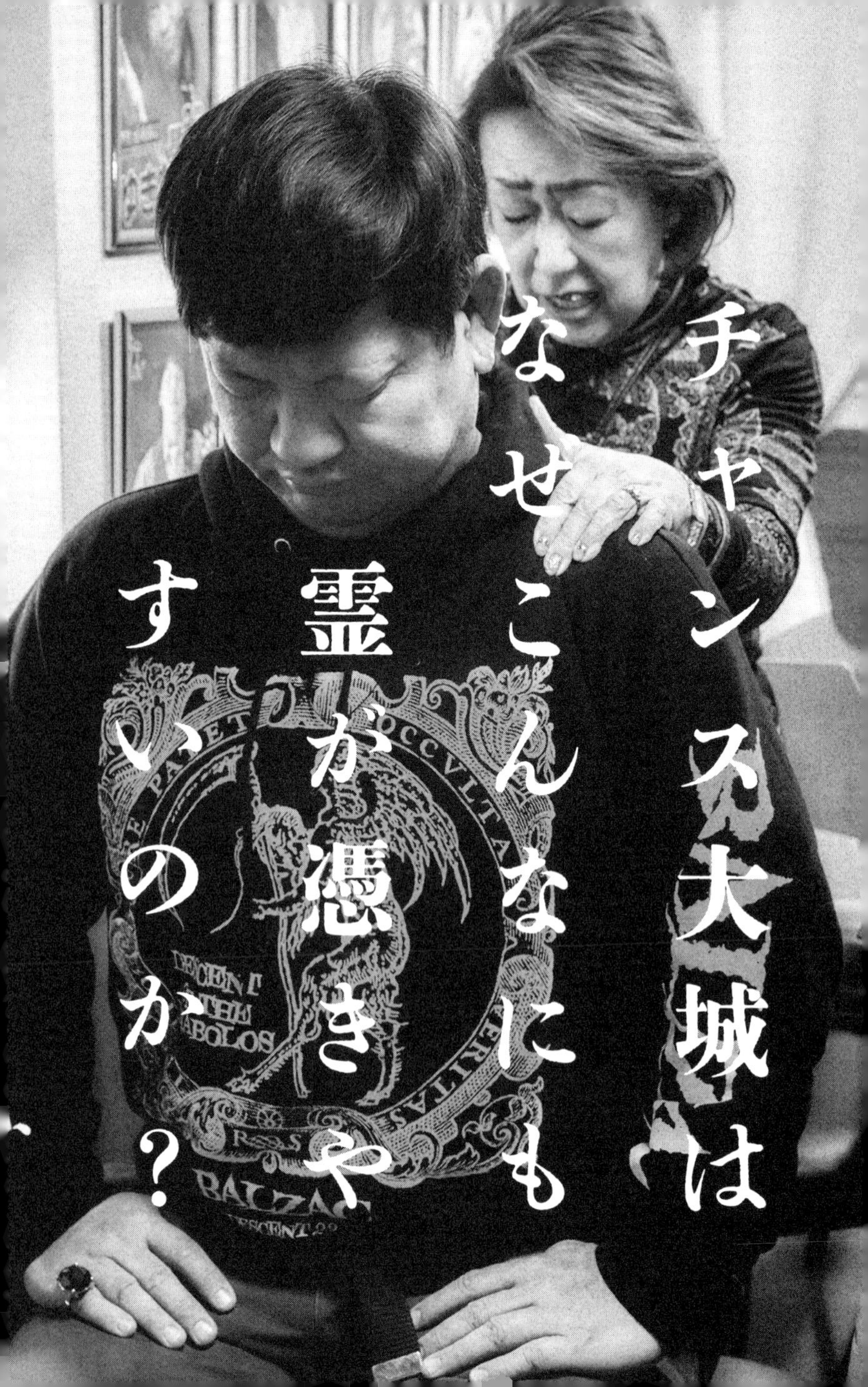

チャンス大城はなぜこんなにも霊が憑きやすいのか？

霊鑑定

突然顔が小さくなったりいかつくなったり、女の霊に背中にしがみつかれたり、
やたらと霊にとり憑かれることの多いチャンス大城。
なぜこんなにも霊を呼んでしまうのか、
驚異の霊視能力で評判の霊媒師・相澤観聖先生にガチ鑑定していただいた。

霊媒師 相澤観聖さん　祈祷師 熊谷覚嶺さん

霊媒師 相澤観聖さん

1957年　宮城県に生まれる。秋田で育ち、物心ついた時より霊感が強い子供であった。

2000年　宮城県で祈祷道場を開き、僧侶であり祈祷師である熊谷覚嶺氏と出会う。

2001年　熊谷覚嶺氏とともに「神佛祈祷」を始める。霊媒師・相澤観聖氏と祈祷師・熊谷覚嶺氏の両名でカウンセリングし、霊視・除霊・口寄せ・守護霊鑑定・祈祷・供養などを行うことで相談者の抱える問題を解決し、幸せになるための方法をアドバイスする。相談者について知るはずのないことまで見通す霊視能力には定評がある。

2011年　出家得度（僧侶）。本名を観聖と改名。

女と男1人ずつ、2体の生き霊が憑いています

編集部　まず、今ズバリ、チャンスさんに憑いてるものってありますか？

相澤　**憑いてるものは、はっきり言って、あります。**

チャンス大城　はあ〜。そうですか〜。いますか。

相澤　いいのと悪いのと両方ですね。いい方っていうのは守護霊だったり、あるいはあなたのこと好きだわって思ってるような霊体とか。悪い方のは生き霊とか、死霊とか、邪気ですね。

チャンス大城　生き霊？　生き霊って今生きてる人ですか？

相澤　そうです。生きてる人の思いですね。**生き霊っていうのは、普通は、自分の思いが通らないから来る。**好きなんだけどうまくいかないとか、あるいは、こいつさえいなければとか。

チャンス大城　嫉妬とか？

相澤　嫉妬から始まったりする。

チャンス大城　ぼくに対して？　カルト芸人に嫉妬する同業者みたいな？

相澤　うん。だからあなたを蹴落としてでも上にあがっていきたい、自分が有名になりたいって思う人が、いる。

チャンス大城　その生き霊は無名の芸人ってことですか？

相澤　んー、ちょっと待ってねー。私が見る限りでは、まず女の人が1人。

チャンス大城　女の人!?　嘘やー……。あの子かなぁ。

相澤　あ、この人金髪にしてるの。これぐらいの髪の人で（肩に手を置いて長さを示す）、金というかシルバーというか、それでオールバックみたいにして、ペタッとした感じの。

チャンス大城　誰やろー。

相澤　元々は黒髪でフワッとされてた人みたいです。で、こっち分けでこうなって、こらへんがフワッと。ん〜、お付き合いされてたのか、仲良くしてたか、でしょうね。

チャンス大城　で、**今はぼくに対して、こう、クゥ〜！っていう**。

相澤　うんうん。そうね。

それから男性の生き霊も1人。関係性はわかんない。ただ、その姿を見せてるだけなので。わりとカチッとした顔をしてます。真っ直ぐの眉で、そんなに悪い顔ではないです。

チャンス大城　ああ、ちょっと男前。

相澤　はい。スラッとしてます。はっきりした顔立ち。この人は、**あなたの真後ろにいます。**

チャンス大城　ちょっとハンサムかぁ。ああ。思い当たります、ちょっと……。すごく嫉妬はされます。ぼくがちょっとテレビ出たら「クッソー」って。

相澤　なんで自分じゃないんだっていう。なんでお前なんだっていう。自分の方が絶対にカメラ映りとかいいはずなのに、なんであいつなんだっていう。俺の方が絶対面白いと思ってる、すごく自尊心の強い人です。自分も出たいけど、なかなか声かからない。なんでお前だけ声かかんのっていう感じですね。

チャンス大城　女性の方は、もしあの子やとしたら、今会ってなくて、ひょっとしたら髪型変えたかもわからないですね。でもこの間会ったらもうスッキリしてて、その人じゃないかもわからないです。

相澤　**スッキリしてるのは、そう見せてるだけです。プライドで。**

チャンス大城　あ、そうですか。

相澤　もうあんたのことなんか全然気にしてないよーみたいな。

チャンス大城　はい。なんかそんな感じでした、前会ったら。
相澤　だけど全然違います。表と裏があるの。だからあなたやめたんでしょ。
チャンス大城　ああー……そうです。
相澤　うん、なんか違うって思ったからやめたんだよね。
チャンス大城　はい。
相澤　なんで私のようないい女を捨てるの？　振るの？っていうか。うん。振られた腹いせみたいな。
チャンス大城　そういう生き霊って、グワーッってへばりついてるんですか？
相澤　そうですね、四六時中見ていたいっていうか。見て、その思いをね、もっともっとって燃やす。**駄目になれ、駄目になれって思いを燃やしていくんだよね。**あいつさえいなければ、とか、死んでくれたらいいのに、とか、怪我するならあいつが、とか、そういうふうにどんどん思っていくのが生き霊。
チャンス大城　ああーそうなんや。逆にぼくも飛ばしてるかもわからないですよね。
相澤　うん、飛ばせる人と飛ばせない人いるので。

先祖の因縁で憑かれやすい供養と感謝で運も開けます

相澤　大城さんの本名を教えてもらえますか。

チャンス大城　大城、文章って書きまして、ふみあきっていうんです。大城文章です。

相澤　ご出身は兵庫県のほうだってお聞きしてますけど、お母さんの実家ってどこ？

チャンス大城　教えないいんですよ。母親が、過去、まったく語らないいんですよ。だからぼく、墓参り行けないから、こないだ深川不動で先祖供養やってもらったんですよ。

相澤　お母さんの旧姓はわかりますか？

チャンス大城　Fって言うんですけど。

相澤　F家に、おそらく、言えないというか言いたくない過去があるご先祖がいたからだと思います。

編集部　お母様ご自身のことではなくて？

相澤　うん。ご自身も多少認識しているかもしれないでしょうけど。でも先祖とか親の親とかが元ではないでしょうか。だから言いたくない。生まれたときからの過去を全部消したいっていう思いがあるんじゃないかなって。よっぽど悲しい出来事があったのではないかなと思います。

編集部　お父様はご存じなんですか？

チャンス大城　いやわかんないです。1回、15年前ぐらいですかね、母親が母親のことを？　いやわかんないです。

チャンス大城　父親が母親のことを？　いやわかんないです。1回、15年前ぐらいですかね、母親に、東京の老人ホームに来いって言われて行ったら、車椅子のおばあさんがいて。で、なに？って言ったら「あ、これ、うちの母親」って言って。いきなりおばあちゃん紹介されて、ぼくもびっくりして。意味わかんなくて。

相澤　あのね、お母さんの方の地元のお家に、何か嫌なことに巻き込まれたことがあったんではないかなと思います。だから言いたくないんだろうね。

チャンス大城　そうなんですか。母親がすごく喋りたがらないんですよ。お墓参りもできないとか言われて。そっかあー……。**なんかね、ちょっと重くなってきましたね（肩を触りながら）**。

相澤　重い人たちがいっぱいだから喋りたくないんじゃないの。

編集部　それはそのままにしておけばいい感じなんですかね。

相澤　ダメですね。ダメです。

編集部　ちゃんと経緯を知って供養するなりした方がいいですか。

相澤　はい。本当は知った上で、じゃあ自分はその先祖たちにどうすればいいの、だけではなく、その先祖たちが迷惑かけた人がいたとすれば、その人に対してじゃあどうすればいいのっていう。

たとえばね、うんと昔の昔に、嫌な出来事があって、嫌な目にあった人を供養しなかったらどうでしょう。

チャンス大城　その人は、相手の**子孫全部根絶やしにしてやるって思うでしょう**。だからわけのわからないことで突然家が潰れたとか、一家が全員亡くなっちゃったとか、あったりしますよね。そういうことだと。

母方の先祖に、もしかしたらそういうハードな……。教えてもらわなあかんですよね。

相澤　うん。だから、先祖に迷惑をかけた人がいるとしたら、その人たちに、**今の自分だからできるっていう供養をする**。先祖になりかわって自分が供養します、ごめんなさいって謝るから、どうぞその怨念とかね、そういうのをないようにしてもらいたいと。その上で、自分の先祖を敬って、あなたたちがいたから自分の今があるんだと。だからそれはそれで感謝をして。だけども迷惑かけた人にはごめんなさいをきちんとする。そうすればあなたの運気も上がっていきます。

編集部　お母様に聞けそうですか？

チャンス大城　たぶん、答えないと思いますね。

相澤　あのね、苗字がわかるからいいんです。お母さんの旧姓がわかって、その人たちが迷惑をかけたすべての人に、「誰々に」とかじゃなくて、すべての人に心から申し訳なかった、謝ります、と。で、いままで自分が生きてこれたことに感謝。で、改めてあなたの先祖に、大城の先祖に対しても、ありがとうございますっていう感謝。両方ですね。謝るのと感謝と両方。

編集部　それはちなみに、別に仏壇とかなくても、たとえば自分の部屋で祈ればいい？

相澤　うん、あのね、方角があるんですよね。お母さんのご実家の方の方角。

チャンス大城　○○県。

相澤　その方角を調べて、そっちのほうを見て手を合わせる。で、そのとき、線香をあげたり、なにかお供物をあげたりはよくないの。

チャンス大城　あ、よくないんですか。

相澤　うん。それを、毎日ずっとやるわけでもない、思い立ったときにやるわけでしょ。そうすると、そこに集まってくる霊体もあるからそれはダメなの。

チャンス大城　そうなんですね。

相澤　だから祀らなくてもいいから、そっちのほうを向いて心からの謝罪をする、供養をする。謝罪が最初。順番間違ったらダメなの。最初に迷惑をかけた人たちにごめんなさいしてから、先祖を供養する、ということですね。それを間違わないでやればうまくいくと思います。運気も上がります。変な霊達も去っていくかな。

チャンス大城　迷惑をかけた人に、ぼくも代表として、うちの先祖がすいませんでしたと。

相澤　で、次に、大城家の先祖に対して。

チャンス大城　みなさま、ここまで命をつなげていただいて、ありがとうございましたって。

相澤　そういうことです。はい。そういう気持ちとか順番を間違えなければ必ずうまくいきます。

チャンス大城　はい。今は嫌な霊が、生き霊以外にも憑いてるってことですもんね。

相澤　**だから憑きやすくなってるの。**ご先祖の関係で成仏できてない人があなたにくっついてくるわけです。子孫だから。

チャンス大城　ええー。そうなんですか。いまくっついてます？

相澤　はい。だから行ったとこ行ったとこで、未成仏霊があなたに憑いてくるのはそのせいなの。先祖から来る邪霊とか未成仏霊があなたに憑いている、守護霊のようにくっついてるわけだから。で、それに磁石で引き寄せられるみたいにくっついてくるのがいるっていうこと。

編集部　その大元をどうにかしないとっていうことですよね。

チャンス大城　ああー、そうですか。しょっちゅう首痛くなるんですよ。

相澤　うん、だよね。特にここどかね（大城の左肩を触って）。

チャンス大城　はい。

編集部　チャンスさん、ごきょうだいは他に2人いますけど、特にチャンスさんにかかってきてるんですかね。

チャンス大城　姉、兄、ぼくですね。ぼくが次男で。

相澤　お兄さんの方には、お父さんの方の先祖さんがよけいいってると思います。あなたは次男さんなんでお母さんの方によくいくんですね。

チャンス大城　兄貴はすごい父親に影響受けてますね。

相澤　だから大城家のいろんなのがお兄さんの方にいってるの。で、あなたはお母さんの方のが来てる。

チャンス大城　ぼく、すごい母親に影響受けてます。

編集部　じゃあその、お母さんの方の因縁をチャンスさんが背負ってしまう。

相澤　そうそう。

チャンス大城　そうなんやー。

編集部　お姉さんは？

チャンス大城　昔から体調がずっと悪くて。

相澤　だからお姉さんが体調壊しててなにもできないから、亡くなってる人たちが「じゃあ誰に言えばいいの？」で、彼のところまで辿り着いてるわけです。そういう人っていうのはどこまでも来るの。わかってくれるまで。苦しみとか悲しみとかをわかってくれる人が出てくるまで来ます。

チャンス大城　守護霊っていうのは？

相澤　います。

チャンス大城　ぼくのご先祖様ですか？

相澤　はいそうです。あなたを守ってくれてる人がいるわけです。父方と母方と両方いるんですけど、母方のほうが力が弱い。だけどお父さんの方は、それなりの力が備わって、あなたをバックアップしたり守ってくれたり。だから今のあなたがあるのはお父さんの実家のご先祖様のおかげなんでしょうね。

チャンス大城　そうですか。（後ろに向かって）もうほんとにありがとうございます。

相澤　ちょっと待ってね、しっかり見ますね。あなたのお父さんの兄弟って亡くなってる人いるんですか？

チャンス大城　わからない、あんまり、父親もあんまり話したがらないというか。

相澤　あのね、**お父さんの方のお墓って、なんか洞窟みたくなってるの？**

チャンス大城　**あ、そうです！　そんな感じです！**

相澤　そうですよね。でっかいの。大城家の、ここのうちの人だけが入るお墓じゃなくて、全体的な感じのなんだよね。そこにいる人で、お父さんの身内の方だと思うんですけど、30代後半くらいの若い感じの男の人です。昭和の時代の人です。

チャンス大城　いてくれはる。

相澤　うん。

チャンス大城　（後ろに向かって）ありがとうございます。ほんま。

相澤　その方がすごく、みんなを笑わせたりとか、ひょうきんな、ユーモアのある方だったと思います。ただ、病気なのか、戦争なのかで亡くなってます。

人を呪わば穴二つ 人を羨むより自分が努力することが大事

チャンス大城　すごい今、なんか、もうブワー来てるんですよ（首の後ろあたりを触りながら）。こないだも吉本の本社で取材してたら、霊が来た感じで、なんか気分悪くなったんですけど、あれってなんなんですか？　たまに起こるんですけど。

相澤　だっているんだからね、しょうがない。真後ろにいる人もいるからね。さっきも言った生き霊ね。

チャンス大城　男の人と女の人？

相澤　うん。どっちも。生き霊が来てるときの体調は、目の奥が急に苦しくなったり、滑舌が悪くなったり、肩とか腕とか、ちょっと痺れるようなことがあったりっていう。あとは、この体半分のこっち側だけ怪我するとか。

編集部　いったん祓えないんですかね。供養はこれからちゃんとやるとしても、生き霊だけ手っ取り早く祓うってことはできない？

相澤　できないですね。

チャンス大城　えぇーーー。

相澤　生き霊の思いの深さによって、すぐ取れるのと、そうでもないのがいて。この方たちのは、ちょっと深いんですよ。

チャンス大城　嘘やー。

相澤　今日お祓いはしますけどね、ただ、お祓いしたから、はいよくなりましたってことではないです。生き霊祓いっていうのは、毎回毎回、ちょっとずつちょっとずつ取っていって、相手の気持ちが違う方を向いていくように仕向けていくんですね。たとえばここに集中してたのが、ちょっと別な方、ちょっと別な方っていうふうに集中力がいくように、この人のことを考えなくなるようにしていく。

でも怖い拝み屋さんとかだと、その人の命取っちゃう。

編集部　えぇー？　生き霊出してた人のを？

相澤　うん。で、うちも、以前ですけど、あまりにも強くその相談者のことを、あいつさえいなければ、死んでくれないかなっていう思いを持った人がいて、倍返しなんですよ、うちの場合ね。なので、一気に、あっという間に返っちゃって死んじゃったことはあります。

編集部　出した人に返そうとしたら？

相澤　そう、返すから。倍返しになって。

編集部　出した人の呪いの念が強かったってことですね。

相澤　うん。人を呪わば穴二つって言って、天に唾すれば自分にかかってくるわけで。なので、やっぱり人のことを呪ったり嫉妬したりっていうのはよくない。自分は自分で、やっぱり自分の人生をよく考えて、人を羨むのではなく、努力が足りないからうまくいかないのであって。

チャンス大城　うん、努力してね。

相澤　だから日々の努力っていうのは大事かな、と。ちょっとしたことでも、その人なりの努力を重ねてれば、必ず見てる人はいるし、それをなんとかいい方に向けてあげたいなあ、と思ってくれたりする。人を羨む、ではいいことは何もないかなあと。羨むよりも、その分努力する。羨ましい気持ちを隠して努力するっていうのが大事かなと。

編集部　チャンスさんも別に人を恨むとかじゃないけど、けっこう生き霊を出していらっしゃるらしいんですけど。はっきり目撃されてるんです。

チャンス大城　そうなんですよ、数年前にR-1グランプリで準々決勝で負けたんですけど、「クッソー!」言って、冷蔵庫開けたり閉めたりずっとしてたんですよ。ほなら準決勝の会場でぼくを見たっていう人が3人いたんですよ。ぼく行ってないんですけど。たまにそういうの言われたりするんですよ。行きたい場所にいたよーとか。そういうのってあるんですかね。

相澤　うん。魂っていうか、そこにどうしても行きたいっていう思いが、なんかで抜けてったんでしょうね。

編集部　それ大丈夫なんですかね、ちょいちょい抜けてて。

相澤　よくないですね。

編集部　出さない方法ってあるんですか。

相澤　うーん、だから、強く思わないことじゃない? 執着しないことですかね。次に行こう、みたいな。次のときには絶対にそこに行ってやろうと。今回は行けなかったけれども、じゃあ次のときにはこの順位よりはもっといいところに行ってやろうっていう、その努力をそのときから始めるっていうことがいいのかなあと。

怪談をすると話した霊に憑かれることが塗香で防ぐことができます

編集部　吉本本社でこの本の取材を3回させていただいたんですけど、そのうちの1回、チャンスさんがすごい変だったことあるんですよね。この本にも体験談が載ってるんですけど、ほんとに顔がちょっとちっちゃくなって、なんか形相が変わって、テンション低くて。で、チャンスさん気を悪くしたら申し訳ないんですけど、尋常じゃないくらい差し入れのおにぎりとかクッキーを次から次へと飲むように食べてらっしゃったんですよ。これはなにかいるんじゃないかなと思ったんですけど。

相澤　もう取り憑いてたんだと思う。話をしてると、話をしている中の、どの霊体かが彼に取り憑くことがあります。

編集部　おにぎりを飲むように食べるとかは、その霊のしわざ？

相澤　うん。だから、**餓鬼が入っている**。

編集部　そのときだけなんですよ。他のときは別に普通に食べてらっしゃったので。

相澤　だからその霊の話題をしているときは、その霊がそばにいると思った方がいい。

編集部　じゃあピーターだ！　10代のときに、お友達のおうちでピーターっていうちっちゃい悪魔を見たんですって。顔がちっちゃくなったりするのって、それがずっと憑いてるんじゃないかと思ったんですけど、どうですかね。

相澤　うーん。それがずっといるとは思えない。たぶんその話をしたからでしょう。

編集部　ピーターの話をしたんですよ、そのときに。

相澤　うん、だからだと思う。だから寄ってきた。そのピーターっていう悪霊っていうんですかね、それが来たんでしょう。

編集部　ピーター来たけど、別に憑いてるわけじゃないってことですか？　憑いてるんじゃなくても、ちょいちょい来るってことですか？

相澤　うん。だから**いつでもそばにいて待ちかまえてる**っていうこと。

チャンス大城　**めっちゃ怖いやん。**

　あのとき、なんか、ちょっと記憶にあって。なんかウゥーッてなったの覚えてます。

編集部　そのときだけだったんですよ。他のときは別にお腹空いてるって言っても、まあ普通にたくさん食べるだけで。そのときだけ飲むようにおにぎりを食べて。

相澤　食べても食べてもお腹いっぱいになんないんだと思う。

私達が供養のときに、供物としてあげるのがおにぎりなんです。海苔とかもつけない、塩だけをまぶしたような白米のおにぎりを何個かあげたりするんです。あとお団子とか。

仙台の方ですけど、駐車場で車が、エンジンも止めているのにエクソシストのように動く、テレビも買ったばっかりなのに夜中に勝手について砂嵐とか、炊飯器だなんだっていうのが全部すぐ壊れる。お部屋に入ると、ストーブがその部屋だけで3台あって3つ全部ついてるんですよ。それでも寒い。

観たら、そこの土地全体に、おっきい穴が見えるんですね。下から湧いてくるようにワーッて出てくるのが見えて。昔ね、伊達政宗の時代とかに、流行病でいっぱい人が亡くなってて、亡くなった人だけじゃなく亡くなりそうな人、かかった人、そういう人全部を生き埋めにしちゃってたの。その上に家が建ってた。

で、そのときに、悪いけど米をすぐ炊いてくれない？　って、ご飯炊いてもらって。お腹すかしたまま亡くなってる人とかね、まだ半分生きてるわけですから。そういう人たちも全部生き埋めですからね。で、一箇所穴を掘って、お米とかお塩とか、あとお酒とかで供養して。そしたらあっという間にお家があったかくなって。

なので、これからは、そういうお話をするときには、まず供養事からして、今からこういう話をいっぱいしますよと。お線香の1本もあげてもらえれば。で、お水とね、あとこれ食べてってくださいっておにぎりを1個でも2個でもいいから脇においておいて。それから始めるといいかなあと。そうすると彼や他の人に取り憑いたりしないですむのではないかなと思います。

編集部 終わったらそのまま捨てていいんですか？

相澤 埋めるとか、埋めるのができないときには、流し供養って言ってね、川に流す。川がないときには、もう、その場でみんなで食べる。

あと、まず自分達に取り憑かれないようにするには、私は塗香を使ってます。これが塗香なんですけど。

チャンス大城 **あの、すいません、むっちゃいますよね、今（首の後ろを触りながら）。**

相澤 **うん。**

チャンス大城 ねえ。ぼく、なんか、やばいっすもん。

相澤 寒いですよね？

チャンス大城 はい。ギンギン来てます。やばいわ、もう。ぼくだけかなあ、今感じてんの。

相澤　今、塗香やってみましょうか。はい、左手出して。

チャンス大城　めっちゃええ匂いしてる（手のひらをかぎながら）。なにこれ。すごいいい香り。

塗香の使い方

①左手に一つまみくらい塗香をとる。

②右手の人差し指で左手のひらの塗香をくるくるこする。

③人差し指についた塗香をペロッと舐める。

④両手のひらをこすり合わせる。

⑤塗香のついた両の手のひらで、全身のオーラに塗香を塗るイメージで体の少し外側をなぞる。

⑥両手のひらをこすり合わせる。

⑦両手のひらを鼻に近づけて、匂いを嗅ぎながら深呼吸を3回。

⑧最後に丹田に両手のひらを持っていってグッと気を入れるようにする。

チャンス大城　ああ、なんか、ホワーッとした。軽くなった！　すごい。爽快。

相澤　変わりましたでしょ？

編集部　チャンスさん、顔が変わった。目がぱちっとした。

チャンス大城　そうですか？　なんかしんどかったんですよ。めっちゃ嫌やった、さっき。

相澤　でも今楽でしょ。

チャンス大城　ええ。

相澤　うん、こんなふうにして。そうすると自分に悪霊が憑かなくなります。

編集部　でもちょっと、チャンスさん、ひょいひょい入られすぎかと思うんですけど。

チャンス大城　**すぐ入られるんですよ**。それやっぱ性格なんでしょうかね。

相澤　お人好しだからね。

編集部　こんな顔が変わる人も珍しい気も。

相澤　いや、そんなことない。みんなそうです。

チャンス大城　みんなもそうなんですか。

相澤　うん。私がね、口寄せする

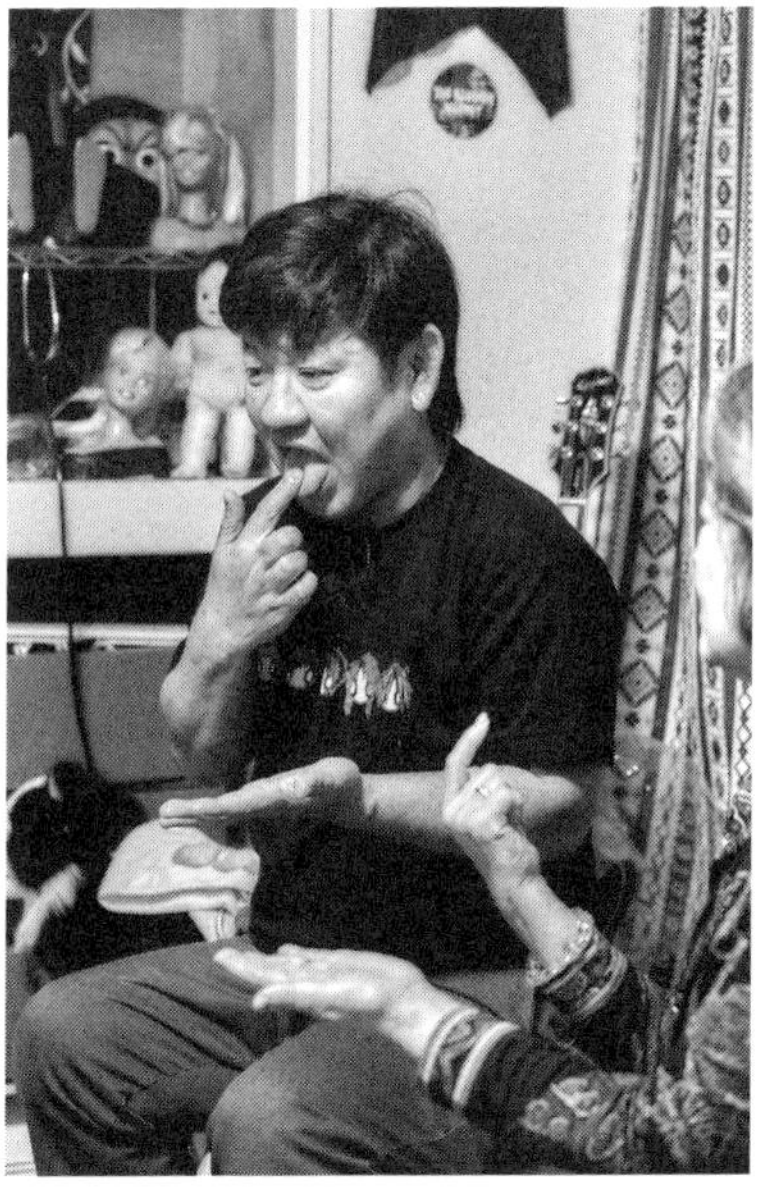

んですけど、口寄せしたときに、やはりその亡くなった人の霊を呼ぶんですね、で、自分の体にも入れちゃうんですよ、私の場合ね。そうすると**顔つきとか喋ってる言葉とか声とかニュアンスとか、全部変わります。**なのでそれと同じように、あなたの体にそれが入りやすくなっている、道ができてるってことです、体に。

チャンス大城　うそー。

相澤　だから塗香でふさぐっていうこと。あと自分の気持ちですね。

チャンス大城　ポジティブな気持ち。

相澤　はい。あと、いいよって言っちゃう自分がいるんだね。このくらい大丈夫とか。あとは感情移入しちゃう。かわいそうにとか、あーそうなんだとか。気の毒な話を聞くともうそれに同調しちゃうとかね。**自分でそうやって合わせちゃうわけ、ピントをね**。だから自分で気をつけることはできるから。

チャンス大城　そっかあー。

編集部　でも先祖代々なにかあって憑いてても、チャンスさんって今売れてるし大人気なんですけれども、それはなにかあるんですか。

相澤　それは彼の努力がみんなに認められてきたっていうことだと思う。だから本来

チャンス大城　は、もっと早くに、あるいは今くらいじゃなくもっとよくなってたはずです。そっかあ。酒を飲んだときに人格が変わるんですけど、もうお酒やめて7年経つんですけど、そっからなんかよくなってきたんですよ、仕事が。とにかく酒を飲むなって言われて。

相澤　ですね。飲まれるほうだからダメなんです。だから1滴でも入れば同じです。戻ります。7年飲まなくたって1滴入ればそうなります。**だから飲まないのが一番。**

黒い霊体は絶対見ても見ないふり 赤は最凶なので即除霊！

チャンス大城　あのぼく、素人ながら黒ーい影がブワ～通ったり、シュッって通ったりとか、あとホワーッと白い煙状のものを見たりすることあるんですけど、あれはなんなんですか。

相澤　霊体だと思います。で、色で区別するなら黒はダメです。黒と赤はダメです。

チャンス大城　赤もダメなんですか。そーなんやー。

相澤　赤見たら黒より怖い。赤を見たら即除霊。赤い光を見たりしたら即除霊。それくらい怖いです。特にそれは神様系統だったりすることが多いです。たとえば狐だったり。うんと悪いです。

チャンス大城　白い霊はいいって聞いたことがあるんですけど。

相澤　白いのはね、ほとんど成仏してる。

だからね、私が霊体を見るときにまず色とか見ますし、着てるものとかも見ます。着てるものも普通のこういう服を着てる霊もいて。

チャンス大城　え、普通に？　普通に一般人みたいに？　じゃ先生、街中歩いてて。

相澤　ぶつかりますよ。

チャンス大城　え、普通の人間みたいな感じで来るんですか。

相澤　そうです。だから霊体だと透き通ってるので、私の体を通っていきます。

チャンス大城　あ、人間やと思ったら霊やったんやみたいな？

相澤　うん、だからよけようかなと思ってるんだけど、すごくスピードを出してくるので逃げられなかったりしますよ。たとえば東京だとスクランブル交差点、人がいっぱい行ったり来たりすると逃げようがないでしょ。ああいうときバンと前から来られたら逃げようもないでしょ。そんなとき体を通っていきます、霊体は。

チャンス大城　すり抜けていくんですか。

相澤　はい。そのときは眩暈します。ああ通られちゃったっていう感じ。だから**スクランブル交差点だって、人も歩いてるけど霊体も歩いてます**。で、とどまられると困るわけね。

チャンス大城　とどまったりするんですか。

相澤　します。

チャンス大城　ちょっとこの子居心地いいなみたいな？

相澤　そうそう。同じ波長出してたりすると、入り込まれちゃって、突然なんかこうおかしくなっちゃったとか、発狂したとか、別人みたいになったとか、そういう話を聞いたことがあると思うんですけど、そういうことなんです。

チャンス大城　ぼく、すごく落ち込んでるときとかによく見るんですよ、黒い影を。

相澤　だから元気で免疫力があるときはそういう悪霊に近いものは来ないの。運気が下がってきて免疫力も下がってるときって来るの。

チャンス大城　２００９年に自律神経失調症になりまして、ほんとにどん底のどん底で、もう樹海いこうかな思ってたんですよ。そんときに夜、黒ーい３体、来て。

相澤　うん、呼びに来たのね。一緒に行こうよって。

チャンス大城　体から漢方薬の匂いがし出して。ほんで太陽が昇ってきたらシュッて消えたんですよ。でも匂いが残ってて。風呂入って石鹸でずっと体洗って。
確実に見たんですよ。その後心療内科行ったんですけど、その話したら、自律神経失調症で幻覚をみたんだろうってなこと言われたんですけど、確実に見ましたね。3体。真っ黒。

相澤　だから**黒いのはダメです**。あなたの免疫力とかが下がってて、今だったら取り憑いて、こいつ殺せるねっていう。だから**死神みたいなもの**。

チャンス大城　死神みたいな感じでした、ほんと。3体。やっぱ弱ってるやつに来るんすね。来ます。

相澤　来ます。

チャンス大城　一緒に死のうやみたいに。怖～～～。

相澤　私も死神を見たことがあるんですけど、目線は真っ直ぐです。よそ見しません。歩いてて。たとえば普通、人って歩いてるときに必ず周り見ながら歩くじゃないですか。どんなとこ歩いてても瞳は動いてると思うの。でも動かないです。真っ直ぐです。自分が今から行かないといけない家まで真っ直ぐです。

チャンス大城　はあーーこわーー。

相澤　はい。**速度も変えないでそのまま真っ直ぐ歩きます**。ものすごい怖いですよ。絶対目を合わせちゃいけないと思って、見えてても見えないふりします。うち来ないでねと思って。今から迎えにいくんだーと思って。何回か見ました。

そういう黒っぽい煙なり影なりは、もう絶対見ても見ないふり。**あと赤はすぐ除霊!!** 白は除霊しなくっても大丈夫、とりあえず。色で分けてください。

チャンス大城 なんか気分悪くなったときは塗香とか神社から塩買って肩にかける感じで。

相澤 うん。いったん舐めるのね。

チャンス大城 塩も？　そうなんすか。

相澤 体の中に入ってるのもとれるから。

お風呂もいいです。湯船に入るとき、その買ってきた神社の塩を一つまみ入れるの。そいでかき混ぜてそこにはいるの。

チャンス大城 わっかりました。お店で買った粗塩でやってました、それ。

相澤 市販じゃダメだから。もし自分のところでそういう塩がほしいなと思うなら、運気の上がるような神社から神様のお札をお受けしてきて、そこの前にお塩を置くの。そうするとOK。お金もそんなにかからない簡単にできる方法。それでもダメなときはちゃんと除霊に行くっていう。2段階3段階にしとくといいですね。

チャンス大城 そっかー。

今日はほんまにどうもありがとうございました。

あとがき

ヤンキーに山に埋められたり　本職の人にピストル突きつけられたり
死神を見たり　吸い殻拾いしたり　色々ありましたけど
今、50歳で　ピン芸人日本一を決める大会
R-1グランプリで　3月8日　決勝にいった
生放送で　死ぬんじゃないか？
いうくらい緊張して　乗り越えた
よっしゃ！　かっこいい男になった　と思ってたけど

全然かっこよくないんです

俺は　頑張ってる　決勝いったんだぜぇと　調子にのっていて

大切な人を　傷つけてしまったり

色んな方々のおかげで　決勝にこれたのに

その思いを忘れてはいけない

調子にのっていた

僕の中にいる　悪魔が　暴れまくっていた

この本で　善人っぽいことも
たくさん書いたかもしれないですが

僕は　いまだに　色んな人に　ご迷惑お掛けしてます

まだまだの人間

酒癖が悪すぎて　酒をやめて7年

アルコール依存症の講演会にも　呼ばれます
講演名「チャンス大城さんの『断酒からのチャンス!!』」
看板が舞台にあげられてました

かっこつけたことを　講演でたくさんいうんですが

あかん！　あかん！

僕ね　シラフ癖も悪い

シラフ癖悪いから

シラフ癖から立ち直った方の　講演会観に行きたい

シラフ癖って　なんやねん!!

チャンス　さっきから　何言うてんねん？

わかります

何を言いたいか

僕はまだまだの人間　うじうじして
嫉妬まみれの　どろどろした　頭の中は　いやらしい人間

だからお化けも見る　ヤバイ奴も寄ってくる

でも　50からでも
胸の中にいる　黒い悪魔と　向き合って戦っていく!!

これからも　死にたくなるような
ダサい自分　情けない自分と　向き合っていきます

少しでも　かっこいい自分になれるように
歩いて行きますんで

皆さんも　一緒に歩いて行きましょう

うんこ漏らしながら　歩いてる時も　あるかもしれませんが
それでも歩いて行きます　歩くしかないんだ

どんだけ　情けない事をしても
それを認めて　反省して　歩いていくしかないんだ

ここまで読んでくれて　ありがとうございました

まだまだの芸人　まだまだの人間ですが

成長していきたいと思いますので
よろしくお願いいたします

チャンス大城

（お前のあとがきが一番怖いんじゃ！by編集部）

その後、チャンス邸を鑑定した結果とんでもないことが!?

YouTubeチャンス大城のオッヒョッヒョーチャンネルにて公開

チャンス大城

1975年1月22日生まれ 162cm75kg
血液型O型 兵庫県尼崎市出身 NSC8期&13期卒
『とんねるずのみなさんのおかげでした』〜細かすぎて伝わらないモノマネ選手権〜優勝(2017年12月21日OA)。『人志松本のすべらない話』で、高校時代、不良グループに山に埋められた話を披露して注目される。地下芸人歴30年という長すぎる下積みを経て、現在人気急上昇中。『水曜日のダウンタウン』、『さんまのお笑い向上委員会』、『ラヴィット!』などバラエティ番組の出演多数。右心臓の持ち主。心臓以外の臓器も全て左右反転の内臓逆位で、経穴(ツボ)も左右反転。
ピン芸人日本一決定戦『R-1グランプリ2025』で史上最年長で初の決勝進出を果たした。

X @ooshirofumiaki
YouTube チャンス大城のオッヒョッヒョーChannel
@Channel-nw7tf
チャンス大城の時間
@time_of_chance

ブックデザイン 鈴木成一デザイン室
DTP 川口 紘
装画 清野とおる
本文イラスト チャンス大城
撮影 TOWA
取材・文 雀乃メリー
校閲 鷗来堂
編集 馬場麻子(吉本興業)
営業 島津友彦(ワニブックス)
マネジメント 長谷川恵美(吉本興業)

チャンス大城の霊怖《れいこわ》人怖《ひとこわ》

2025年4月29日　第一刷発行

発行人　藤原寛
編集人　新井治
発行　ヨシモトブックス
〒160-0022 東京都新宿区新宿5-18-21
電話　03-3209-8291
発売　ワニブックス
〒150-8482 東京都渋谷区恵比寿4-4-9 えびす大黒ビル
電話　03-5449-2711
印刷・製本　シナノ書籍印刷株式会社

978-4-8470-7542-1 C0095 ¥1500E
定価＝本体1500円＋税